서구로 보낸 유학 경전 2
구홍밍(辜鴻銘)의 영역(英譯) 『중용』

『중용』의 신기원

'보편적 질서와 삶의 지침'에 관한 교육철학

신창호

박영story

▶ 머리말

이 책은 구흥밍(辜鴻銘, 1857~1928)이 영어로 번역한 유학 경전 가운데 『중용』을 재해석한 것이다. 대본으로는 '辜鴻銘 英譯, 王京濤 評述, 『辜鴻銘英譯經典 : 大學中庸(中英雙語評述本)』(中華書局出版, 2017)'을 활용하였다.

구흥밍은 중국 근대의 저명한 학자다. 동서양의 학문에 조예가 깊었고, 영어, 프랑스어, 독일어 등 여러 언어에 능통하였다. 그는 중국인 최초로 『논어』(1898), 그리고 『중용』(1906)과 『대학』(1915)을 번역했다. 이유는 간단하다. 20세기를 전후한 격동의 시대에 중국의 문명과 유학 사상을 서구에 전파하기 위해서였다.

구흥밍이 유학의 경전을 영어로 번역하기 이전, 유학 경전의 영어 번역본은 서양의 선교사들에 의해 이루어졌다. 특히, 『대학』과 『중용』은 『논어』를 비롯한 다른 유학 경전에 비해 번역본이 적은 편이었다. 초기의 번역은 영국의 선교사에 의해 이루어졌는데, 1812년 모리슨(Robert Morrison, 1782~1834)과 1828년 마서만(Joshua Marshman, 1768~1837)에 의해 출간되었다. 모리슨의 경우, 영국의 런던선교회에서 중국에 파견한 최초의 개신교 선교사다. 말라카에 외국인에 의한 최초의 신학문 학교인 영화학당을 세우고 인쇄소를 설립하여 정기간행물을 발행하였다. 그리고 1828년 콜리에(David Collie)가 '사서(四書) 번역본'을 출간했고, 1861년 레게(James Legge, 1815~1897)

가 집대성한 『중국경전(中國經典)』, 이른바 '차이니스 클래식(Chinese Classic)'의 제1권에 『대학』, 『중용』, 『논어』가 포함되었다. 구흥밍은 서구 문화에 정통했다. 하지만 중국 문화가 서구 문화보다 우월하다고 생각했다. 그것은 동양 문화에 대한 자부심이자 자긍심이기도 했다. 동서 학문의 핵심을 관통하고 있었던 그는 세계 문명을 바라보는 시선을 객관화하려고 했다. 무엇보다도 중국의 문화를 비롯한 동양 문명을 폄하했던 서구인들을 향해, 중국을 비롯한 동양문화를 새롭게 인식하는 계기를 제공하고 싶었다. 그 열망이 희망과 소망을 넘어 현실로 드러난 것이 이 작품이다. 드디어 유학 사상이 중국인 자신에 의해 서구로 건너가게 된 것이다.

이렇게 유학의 서구로 간 까닭은 무엇일까? 『중용』의 영어 번역본을 발간할 때, 구흥밍은 그 서언에서 다음과 같이 희구한다.

> "중국 고전에서 우연히 삶의 도움을 받은 유럽인이 있다면, 그들은 현재 중국인들이 그 '도덕법칙'을 더욱 잘 이해하고 있다고 판단할 것이다. 이런 사실을 인지한 유럽인들이 중국인과 대면한다면, 대포를 앞세우고 동양으로 진출한 그들의 '폭력'적 태도가 바뀔 것이다. 그들이 중국인을 비롯한 동양인들과 다양하게 소통할 때, 이러한 도덕적 의무를 존중하고 지키려고 한다면, 이런 번역 작업이 헛수고는 아니리라!"

1906년에 『중용』의 영어 번역본이 출간되었으니, 세상에 선보인 지 100년을 훌쩍 넘겼다. 그런 만큼 이제 이 책의 독자는 서구의 학자나 교양인에 해당될 뿐만이 아니다. 유교 문화를 생소하게 여기는 모든 사람들이 읽기를 권장한다. 특히, 유학을 정치와 교육의 철학으로 이해할 때, 동양의 정치와 교육에 관심 있는 사람들에게 새로운 시선으로 접근하기를 소망한다. 무엇보다도 중국 전통 유학의 특수한 용어를 과감하게 번안하여, 현대 학술이나 교양 수준에서 익숙한 사물의 명칭을 드러냈다는 점에서 더욱 그러하다. 예를 들면, 『중용(中庸)』을 '중의 학설(Doctrine of the Mean)'로 번역하지 않고 '우주적 질서 혹은 삶의 지침(The Universal Order or Conduct of Life)'으로 번안하였다. 뿐만 아니라, 『중용』에서 '성인(聖人)'을 나타내는 여러 용어를 '성인(saint)'으로 번역하지 않고, 기독교의 신관을 도입하여 '하나님(God: 神)'으로 바로 번안했다. 이 번역을 처음 접했을 때, 나는 매우 흥분했다. 약간 멍한 충격도 가미됐다. 바로 내가 그토록 찾던 번역술어였기 때문이다. 정말이지, '획기적인 사실로 말미암아 새롭게 전개'되는 신기원으로 보았다. 그래서 책 제목도 '『중용』의 신기원'으로 붙였다.

책의 구성은 경전의 원문(原文)을 먼저 제시하고, 원문에 대한 직역(直譯), 구흥밍의 번안(飜案), 그리고 마지막에 해설(解說)을 붙였다. 해설에는 구흥밍의 원래 코멘트도 있고 내가 직접 붙인 글도 있다. 뒷부분에는 구흥밍의 영역본 원문을 수록하여 참고할 수 있도록 했다.

초고정리를 도와준 강영순 선생에게 감사한다. 강 선생은 중국 연변대 교수를 지냈고, 현재 고려대 대학원에서 박사논문을 준비 중이다. 내가 2019년 1월 중국 상해(上海)의 어느 고서점에서 책을 구해온 이후 이를 함께 정리하며, 중국 관련 자료 확인에서 많은 도움을 받았다. 관심 있는 독자들이 이 책을 통해, 『중용』에 대한 사유의 지평을 확장하고, 폭넓은 시선으로 유학에 접근하는 계기가 되기를 소망한다.

2020. 11. 입동절(立冬節)
신창호

▶ 차례

구훙밍의 서언 • 9

제1장 • 16

제2장 • 21

제3장 • 23

제4장 • 24

제5장 • 27

제6장 • 29

제7장 • 32

제8장 • 37

제9장 • 39

제10장 • 43

제11장 • 46

제12장 • 50

제13장 • 55

제14장 • 60

제15장 • 63

제16장 • 66

제17장 • 85

제18장 • 88

제19장 • 91

제20장 • 94

제21장 • 96

제22장 • 99

제23장 • 101

제24장 • 103

제25장 • 105

제26장 • 107

제27장 • 111

제28장 • 114

제29장 • 117

제30장 • 121

제31장 • 123

제32장 • 126

제33장 • 128

THE UNIVERSAL ORDER OR
CONDUCT OF LIFE(영문본) • 133

중용

• 보편적 질서와 삶의 지침 •

.

▶ 구흥밍의 서언

이 책은 유교의 사서(四書) 가운데 『중용』을 번역한 것이다. 제임스 레게(James Legge, 1815~1897) 박사는 『중용』을 '중(中)의 학설(Doctrine of the Mean)'이라고 번역했다. 한자에서 '중(中)'자는 '중간'이라는 뜻이며, 정확(正確)·진실(眞實)·공정(公正)·공평(公平)을 가리킨다. '용(庸)'자는 보통(普通)·평소[平常]의 뜻으로, 일반적·보편적이라는 말이다. 그러므로 이 두 글자의 뜻은 '정확한 것', '진실한 것', '공정하면서 공평한 것'에 대한 일반적 기준이다. 포괄적으로 말하면, '정확한 상식'에 관한 것이다.

이 책은 '위대한 학문' 또는 '고등교육'으로 번역된 『대학』과 함께 유학의 필수내용을 담고 있다. 나는 본래 『대학』과 『중용』을 한꺼번에 묶어 출판하려고 했다. 그러나 『대학』의 번역이 만족스런 수준에 이르지 못했다. 내가 영어로 소개하려는 유교 경전 번역의 목표는, 내가 그 뜻을 완전히 이해한 후에 내용 자체를 재현할 뿐만 아니라 본래의 양식을 드러내는 것이었다. 영국의 낭만파 시인인 윌리엄 워즈워스(William Wordsworth, 1770~1850)가 말한 것처럼, 모든 문학이 지니고 있는 가치의 진실한 본질은, 분명히, 그것이 지닌 풍격일 뿐이다. 그 내용은 늘 글의 양식에서 우러난다.

문학에서는 문풍(文風)이라고 하는데, 과거의 위대하고 명석한 사람의 풍모를 통해, 번역자는 반드시 자신을 그들의 감정 및 사상과 동일한 상태에 놓이게 해야 한다. 이는 '진보하는 문명'의 한복판에서, 한 시대에 살고 있는 사람에게 쉽게 이를 수 있는 상황은 아니다.

20세기가 시작된 현재, 대부분의 사람들은 믿는다. 중국의 옛 질서는 점차 사라져가고 있다. 사람들은 한창 다가오는 새로운 학문의 시대, 이 나라가 걷고 있는 문명의 진보에 환호한다. 그러나 나는 중국의 옛 질서가 완전히 사라질 것이라고 믿지 않는다. 왜냐하면 '기존에 있던 사물의 질서'나 '중국의 문명과 사회질서'는 하나의 도덕 문명이며 하나의 진실한 질서이기 때문이다. 이런 인식을 통해 사물의 본질을 보면, 옛 질서는 쉽게 사라지지 않는다.

그러나 사람들은 나에게 물을 것이다. 당신이 말하는 '도덕'과 '비도덕'은 무슨 뜻인가? 어느날, 나는 교육을 잘받은 외국인 친구와 상해에서 이야기를 나누고 있었다. '교육받은 사람'인만큼, 중국의 국내에서건 국외에서건, 그 외국인은 도덕적 인간이라 일컬을 수 있었다. 외국인 친구가 말했다. 도덕과 비도덕의 뜻은 당신의 '관점'이 어디에 있는가에 달렸다. 그렇다면 '관점'에 오해가 생겨나지 않도록 하기 위해, 여기서 우리는 살펴보아야 한다. 어떠한 행위를 중국인과 외국인이 도덕적이라 하고, 무엇이 도덕을 구성하는지 다시 분석해 보아야 한다.

1853년 태평천국(太平天國) 반란자들이 상해를 점령하였을 때, 중화제국 정부와 외국인 사이에는 분쟁이 있었다. 그 결과, 외국의 영사들이 상해의 해관을 점령했다. 그러나 분쟁이 사그라진 이후, 외국의 영사들은 그들이 의무적으로 받아들인 모든 관세를 돌려주었다. 뿐만 아니라, 1전 한 푼까지도 정확히 계산했다. 당시에 호남(湖南)의 문인이었던, 위대한 증국번(曾國藩) 후작은 외국의 영사들이 상해에서 한 일들에 대해 듣고, 자신의 친구에게 보낸 편지에 이렇게 적었다. "외국인들은 확실히 도덕이 있는 사람처럼 일처리를 하였다." 그것은 군자의 행위이다. '군자의 행위이다'는 말은 도덕적 행위라는 뜻이다. 제임스 레게 박사는 이러한 군자의 행위를 '상등인(上等人)의 도' '군자의 도(道)'라고 번역했다. 이때 도의 의미는 도덕법칙이다.

그렇다면 증국번 후작이 도덕, 또는 도덕행위라고 볼 수 있는, 외국인 영사들의 행위 원칙은 도대체 무엇인가? 다름 아닌, 다음과 같은 것이다. 외국 영사들이 관세를 돌려준 것은 어떤 외적 강요가 있어서 그렇게 한 것이 아니다. 또 그들이 이로부터 어떤 이익과 편의를 얻을 수 있어서도 아니다. 그들이 이와 같이 한 것은, 이렇게 하면 옳고, 이렇게 하지 않으면 그르다고 여겼기 때문이다. 그들은 '옳고 그름'이라는 의미에서, '도덕적 의무'라는 의미에서 그렇게 한 것이다. 따라서 어떤 도덕적 행위는 '바른 동기' 때문에 실천한 행동이며, 그것은 하나의 단순하고 소박한 도덕적 의무에 근원한다. 도덕은 바로 이러한 도덕적 의무에 대한 인식과 복종이다.

인류의 행위 가운데 이러한 도덕적 의무감 때문에, 인류의 문명은 물론 사회가 존재 가능하게 된 것이다. 생각해보면, 한 사회에서 개개인이 이러한 도덕적 의무감을 소홀히 하는 삶은 상상하기 어렵다. 사회가 이러한 상태로 1시간 또는 한 순간이라도 말이다. 사회의 다른 상태를 상상해 보자. 그곳에는 모든 사람이 순수하게 그리고 완전하게, 이러한 도덕적 의무감과 일치함을 유지한다. 그렇다면, 그것은 하나의 온전한 사회이다. 경찰뿐만 아니라 심지어는 모든 정부기관도 필요하지 않을 수 있다.

이 지점에서 내가 말하려는 것은 중국의 문명이다. 그것은 하나의 도덕적이고 진솔한 문명이다. 그 문명은 우선, 이러한 도덕적 의무감을 사회질서의 기반이라고 여긴다. 뿐만 아니라, 이러한 도덕적 의무감의 온전하고 아름다운 상태에 도달하는 작업을 인간 삶의 유일한 목표로 삼는다. 그러므로 사회질서 가운데 교육방식과 통치양식, 그리고 모든 사회적 구성은 사람들이 이러한 도덕적 의무감을 가지도록 양성하는 것을 목표로 삼는다.

삶 속에서 격려 받아야 할 모든 습관, 풍습과 추구하는 일은 모두 사람들에게 쉽게 이러한 도덕적 의무를 따를 것을 지향한다. 간략하게 말하면, 중국 문명은 인류를 위해 진보를 추구하고 이상적인 목표를 제공하였다. 그것은 개인의 쾌락을 제한하려는 것이 아니다. 즉 개인의 기호와 사람들이 누려야 할 유쾌한 시간들을 없애는, 금욕적 상황 조성을 요구하지 않는다. 오히려, 인류의 진실한 도덕적 본성에 대해 갖는 의무감, 도덕적 질서의 인식은 인간사회의 온전함과 아름다움을 보여준다. 이와 같은 우주는 하나의 질서가 있는 전체로서, 만물의 성장과 발전을 충분히 실현할 수 있다.

하나의 민족으로서, 하나의 개인으로서, 중국 사람들이 경험하고 있는 가장 높은 이상적 문명과, 현재 그들의 문명 사이에 거리가 얼마나 떨어져 있는지를, 나는 분명히 알고 있다. 동시에 내가 생각하기에, 중국의 현재 상황에서 사람들을 슬프게 하는 사태를 보이더라도, 당신이 인내심을 가지고 싫증내지 않고 사실의 본질을 깊이 고찰하여 살펴본다면, 중국의 문명이 실패했다고 볼 수는 없다. 대부분 사람들과 마찬가지로, 당신이 돈을 좀 가지고 있고 자신이 즐기고 싶은 오락에 빠져, 이로부터 즐거움을 얻는 어떤 기준으로 하나의 문명을 판단한다면, 중국의 문명은 분명히 실패한 것이다. 그러나 당신이 한 나라의 도덕적 의무감에, 그 정도와 효과를 기준으로, 하나의 문명을 판단할 수 있다면, 나는 중국의 문명은 실패한 것이 아닐뿐더러, 오히려 상당히 '오묘한 성공'임을 증명할 수 있다.

20세기를 시작하는 이 시각, 중국 곳곳의 많은 사람들이 굶주림 속에서 살아가고 있다. 이런 현실은 모든 사람들이 알고 있다. 사람들이 최소한 마땅히 알아야 할 것은, 중국의 지방정부는 언급할 가치조차 없는 경찰이나 어떤 군사적 힘으로 질서를 유지하고 있다는 점이다. 그러나 굶주림의 재난이 심한 지역과 외국인이 살고 있는 상해 조계(租界)의 번영을 비교해 보면, 당신은 그 척박한 지역에서 법을 위반하고 질서를 어기며, 공중질서를 문란하게 하거나 범죄를 저지르는 비율이 적다는 사실을 발견할 수 있을 것이다.

상해의 외국인 조계에서는 매년 경찰인력을 위해 50만 냥의 은(銀)을 소비한다. 스미스(Arthur Henderson Smith 1845~1932) 목사가 말했다. "유교의 답안은 바로 중국이다." 나는 대답한다. "그렇다. 유교의 답안은 바로 중국이다." 그러나 나는 단지 이렇게 말하고 싶다. 당신은 반드시 본질과 도덕의 측면에서 중국을 보아야 한다. 등불의 측면에서 중국을 보아서는 안 된다!

실제로, 보다 많은 증거를 통해 증명할 필요가 있다면, 내가 말한 중국 문명은 미묘한 차원에서 성공한 셈이다. 단지, 이 하나의 사건으로 모든 의혹과 흠잡을만한 것들을 해소할 수는 없다. 현재, 중국 공공기관의 사무능력은 실망 그 자체다. 사람들은 굶주림에 시달리고 있다. 하지만 중국 정부는 여전히 외국 열강들과 타협하며, 수치스런 배상 조약을 체결했다.

중국의 고급관리들이 의지하는 힘은 어떤 것인가? 어찌하여 4만 명이 넘는 중국인들이 배고픔에 시달리면서, 또 각 개인과는 전혀 무관한 빚을 갚아야 한단 말인가? 중국의 이러한 힘은 주지하다시피 경찰과 무력에서 오는 것이 아니다. 중국의 힘은 오히려 중국 사람들이 고도로 발달한 법을 지키는 본능에서 온다. 그러나 중국 사람들은 눈앞에 이와 같이 어려운 상황이 전개되고 있음에도 여전히 고도로 발달한 법을 존중하며 지키는 본능을 지속해왔다. 대체 이러한 힘은 어디에서 오는가? 그것은 중국 사람들의 강렬한 도덕적 의무감에서 비롯된다. 그리고 중국 사람들은 또 어디에서 이러한 강렬한 도덕적 의무감을 얻는가? 그 답안은 바로 중국의 문명이다. 그러므로 내가 중국의 문명은 하나의 '오묘한 성공'이라 말한 것이다.

그렇다면 아래의 번역을 통해, 당신은 이러한 중국 문명의 프레임 속에서, 인류의 조직과 사회질서의 기초를 구성하는 도덕적 의무감의 근원에 대한 서술을 찾을 수 있을 것이다. 물론, 그 가운데 완전히 '새로운 학설'은 존재하지 않는다. 오히려 더욱 '진실한 학설'이 자리하고 있을 것이다.

도덕적 의무감에 대한 서술은 문명 민족의 훌륭한 문학작품 속에서 찾을 수 있다. 2천 년 이전에 쓴 이 책에서도 그런 서술은 극명하게 드러난다. 또한 최근의 우수하고 위대한 유럽 사상가들의 작품에서도 발견된다. 이 책의 특별한 가치에 주목한다면, 나의 한정된 지식에서 내가 아는 바에 의하면, 유럽의 문학 가운데, 고대나 현대를 막론하고, 모두 이와 유사한 작은 책들이 있다. 도덕적 의무감 또는 도덕법칙에 대해, 통속적이고 분명하게 요약하여 간략하게 서술하였을 뿐만 아니라, 온전하고 종합적으로 설명하였다.

결론적으로 내가 여기서 말하고 싶은 것은, 이 중국의 옛 책이 우연히 유럽 사람들에게 도움을 줄 수 있다면, 특히 현재 중국에 사는 사람들의 '도덕법칙'을 더욱 잘 이해할 수 있도록 안내해 줄 것이다. 다시 말해, 더욱 분명하고, 더욱 깊이 있게 도덕적 의무감을 소유함으로써, 그들이 중국이나 중국 사람을 대할 때, 중국의 도덕법칙을 통해, 유럽의 '대포와 군함', 그리고 '폭력적' 문명의 정신과 태도를 대체할 수 있을 것이다. 모든 중국 사람들, 다양하게 얽힌 중화민족이 가꾸어온 도덕적 의무감을 존중하고 따른다면, 내가 오랫동안 연구하고 번역한, 이 책에 쏟은 정력은 헛되지 않을 것이다.

1906년
구훙밍(辜鴻銘)

▶ 제1장

1-1

天命之謂性, 率性之謂道, 修道之謂敎. 道也者, 不可須臾離也,
可離非道也.
是故君子戒愼乎其所不睹, 恐懼乎其所不聞.

직역 하늘이 명(命)한 것을 성(性)이라 이르고, 성을 따르는 것을 도(道)
라 이르고, 도를 닦는 것을 교(敎)라 이른다. 도(道)라는 것은 잠시도 떠
날 수 없는 것이니, 떠날 수 있으면 도가 아니다.
이러므로 군자는 그 보지 않는 바에도 경계하고 삼가며, 그 듣지 않
는 바에도 두려워하고 두려워한다.

번안 하나님의 법령이 곧 우리가 말하는 인간 본성의 법칙이고, 인간
본성의 법칙을 따르는 것이 곧 우리가 말하는 도덕법칙이며, 도덕법
칙이 체계가 잡힌 것이 곧 우리가 말하는 종교이다.
도덕법칙은 인간의 삶에서 한 순간도 그 법칙의 작용에서 도망하거나
피할 수 없다. 인간이 도망하거나 피할 수 있다면 그것은 도덕법칙이
아니다. 따라서 도덕적 인간은 끊임없이 눈에 보이는 것, 귀로 들리는
것들을 경외하고 두려워하는 마음을 유지한다.

해설 구흥밍에 의하면, 현대과학이 유물주의(唯物主義)로 인간을 가르친다고 하는데, 실제로 이와 반대로, 법칙의 엄혹한 진실로 인간을 가르쳐야 한다. 이러한 것은 물질이 아니라 눈에 보이지 않고 귀로 들리지 않는 영역이다. 도덕적 인간은 법칙의 엄혹한 진실을 알고 깊이 이해하고 있기 때문에, 비로소 정신적 삶을 영위할 수 있으며 도덕적인 인간이 될 수 있다.

『중용』 첫 구절의 핵심은 '천명(天命)-성(性)-도(道)-교(敎)'로 이어지는 유기체적 사유의 구조다. 구흥밍은 이를 매우 획기적인 번역술어를 동원하여 번안하였다. '천명'은 '하나님', '성'은 '인간 본성의 법칙', '도'는 '도덕법칙', '교'는 '종교'로 과감하게 풀어냈다. 그리고 '군자(君子)'는 '도덕적 인간'으로 의미를 부여했다. 이는 서구인들이 이해하기 쉽도록, 그들의 사유에 접근하려는 거대한 소통의 소통의 양식이자 교육적 배려다.

1-2

> 莫見乎隱, 莫顯乎微, 故君子愼其獨也.

직역 은(隱)보다 드러남이 없으며 미(微)보다 나타남이 없으니, 그러므로 군자는 그 홀로를 삼간다.

번안 눈으로 보이지 않는 사물보다 선명한 것은 없으며, 감관(感官)으로 느낄 수 없는 사물보다 명백한 것은 없다. 따라서 도덕적 인간은 끊임없이 그 은밀한 사상(思想)을 깊이 살핀다.

해설 구흥밍은 기독교의 경전인 『성경[Bible]』의 「잠언」(4:23) 구절을 인용하여, 이를 설명한다. "자신의 마음을 굳게 보존해야 한다. 왜냐하면 평생의 공효(功效; 보람)는 이 마음에서 말미암아 나오기 때문이다." 이런 점에서 이 구절은 '마음의 프리즘'이 강조되는 듯하다.

『중용』에서 중시하는 '신독(愼獨)'의 경우, '은밀한 사상을 깊이 살피는' 작업으로 번안되었는데, 이는 '남이 보고 듣지 않는 곳에 혼자 있을 때도 각별히 몸가짐을 신중하게 한다'는 뜻이다. 주자에 의하면, 신독은 '자기 혼자만이 아는 마음속의 낌새, 그 사유, 뜻을 신중하게 한다'는 의미로 확대 해석된다.

1-3

> 喜怒哀樂之未發謂之中, 發而皆中節謂之和. 中也者, 天下之大本也. 和也者, 天下之達道也.

직역 기뻐하고 성내고 슬퍼하고 즐거워하는 정(情)이 펼쳐지지 않은 것을 중(中)이라 이르고, 펼쳐져 모두 절도(節度)에 맞는 것을 화(和)라 이른다. 중(中)이란 것은 세상의 큰 근본이고, 화(和)란 것은 세상의 공통된 도리이다.

번안 희열, 분노, 슬픔, 즐거움과 같은 격렬한 감정이 일깨워지지 않았을 때가 곧 우리의 진정한 자아 또는 도덕적 본성이다. 이러한 격렬한 감정이 일깨워지고 그것들이 적당한 기준과 정도에 알맞을 때가 곧 도덕적 질서가 확보되는 지점이다. 인간의 진정한 자아와 도덕적 본성이 곧 존재의 위대한 진실[위대한 기반]이다. 도덕적 질서가 있는 것이 곧 세계의 보편적 법칙이다.

해설 이 구절의 번안도 획기적 의미가 부여되었다. '중(中)'-'화(和)'-'대본(大本)'-'달도(達道)'로 이어지는, 성정(性情)의 덕이 구체적으로 드러나 보인다. '중'은 '진정한 자아[도덕적 본성]', '화'는 '도덕적 질서', '대본'은 '위대한 진실[위대한 기반]', '달도'는 '세계의 보편적 법칙'으로 해명되어 있다.

구훙밍은 다음과 같은 해설을 붙여 놓았다. '인간의 진정한 자아', 글자 그대로의 뜻은 곧 인간의 '마음에 내재한 자아'다. 매튜 아놀드(Matthew Arnold, 1822~1888) 선생의 『성 바울과 신교(聖保羅與新敎: St.Paul and Protestantism)』에 의하면, "인간의 도덕적 본성 가운데 인간과 보편질서를 서로 연결시켜주는 실마리가 있다. 그것은 영원한 자아다." 그러므로 본문의 글은 인간 본성의 기반을 말한 것이다. 아놀드 선생의 언급을 참고하면, "인간의 마음에 내재한 힘과 경향성은 마치 적절한 마음의 도덕적 경향성과 같이 그 자체로 인자한 것이다. 그러나 그들은 이 마음의 도덕적 경향성과 서로 조화를 이루어야 한다."

1-4
致中和, 天地位焉, 萬物育焉.

직역 중(中)과 화(和)를 지극히 하면, 천지(天地)가 제자리를 잡고, 만물(萬物)이 저마다 자랄 것이다.

번안 진정한 도덕적 본성과 도덕적 질서를 실현하였을 때, 세계는 곧 조화롭게 통일되고, 모든 사물은 충분히 성장하고 발달할 수 있다.

해설 주자의 주석에 의하면, 천지자연이 제자리를 잡고 만물이 저마다 잘 자라는 근거를 다음과 같이 설명한다.

"스스로 겁내고 두려워하며 단속하라. 그리하여 본성의 이치가 가장 정밀하고 바른 경지에 이르게 하라. 그 지킴을 잃지 않으면, 그 본성의 이치가 가장 바르게 된다. 이때 하늘과 땅, 자연의 질서가 제자리를 잡고 안정된다.

자기 스스로 말과 행동을 삼가고 조심하라. 정성을 다하여 자연의 질서를 따르고 지켜라. 그리하여 점차 사람이나 사물을 만나고 처리할 대, 조금이라도 차질을 빚거나 오류가 없게 하라. 나아가 제 각각의 이치에 따라 어긋나지 않게 하면, 세상 만물이 조화를 이루고, 모두 잘 자라며 번성할 것이다."

제2장

仲尼曰: "君子中庸, 小人反中庸.
君子之中庸也, 君子而時中. 小人之中庸也, 小人而無忌憚也."

직역 중니[공자]가 말했다. "군자는 중용을 하고, 소인은 중용과 반대로 한다.
군자가 중용을 함은 군자이면서 때에 맞게 하기 때문이다. 소인이 중용과 반대로 함은 소인이면서 거리낌이 없기 때문이다."

번안 공자가 말했다. "도덕적 인간의 삶은 곧 보편적 도덕질서를 지키는 모범사례다. 이와 반대로 저속한 사람들의 삶은 곧 보편적 도덕질서와 위배되는 반면사례다.
'도덕적 인간의 삶은 곧 보편적 도덕질서를 지키는 모범사례'라고 말하는 이유는 도덕을 간직한 인간은 끊임없이 자아 또는 도덕적 본성의 상태를 삶 가운데 구체적으로 실천하기 때문이다. '저속한 사람들의 삶은 곧 보편적 도덕질서와 위배되는 반면사례'라고 말하는 이유는 저속한 사람들은 도덕법칙에 대해 두려운 마음이 없거나 유의하지 않기 때문이다."

해설 구훙밍은 간단하게 "어리석은 사람은 마음속으로 '하나님은 존재하지 않는다'고 말한다."라는 해설을 붙였다. 다분히 서구인들과 기독교를 의식한 설명이다.

주자의 경우, 일상생활을 강조하며 다음과 같이 해석한다.

"중[中; 도덕적 본성]의 도리는 고정된 형체가 없다. 때와 장소와 경우에 따라 저마다 적합하게 내재하고 있다. 그것은 다름 아닌 평소의 일상생활에서의 도리이기 때문이다. 도덕적 인간인 군자는 그 도리가 자신의 본성 속에 내재하고 있음을 안다. 그래서 보이지 않는 마음속의 도덕 질서를 간직하려고 삼가고 조심한다. 들리지 않는 마음속의 사리사욕을 겁내고 두려워하며, 언제나 어느 경우에나 도리에 맞게 행동한다. 그러나 소인은 그와 반대다. 도덕적 본성의 도리가 마음속에 있는지 전혀 모른다. 그래서 자기 욕심이 내키는 대로 망동하고, 거리낌 없이 나쁜 짓을 마구 저지른다."

▶ 제3장

子曰: "中庸, 其至矣乎! 民鮮能久矣."

직역 공자께서 말씀하셨다. "중용은 그 지극할 것이다. 백성 가운데 능한 이가 적은 지 오래이다."

번안 공자가 말했다. "도덕적 본성의 참된 중심으로 찾아 들어가 평형을 유지하면, 다시 말해, 인간의 도덕적이고 보편적인 진정한 자아를 찾는 일, 이것이야말로 확실한 인간의 최고 경지다. 사람들 가운데 장구하게 이와 같은 경지에 들어갈 수 있는 경우는 매우 적다."

해설 이 짧은 언표는 중용의 도리가 매우 아름답고 훌륭한 차원임을 찬미한 것이다. 하지만 세상이 혼란스럽고, 학문이나 교육이 쇠퇴하여, 사람들이 중용의 도리를 행하지 못한지 오래되었음을 한탄하고 있다. 그만큼 도덕교육이 중요함을 역설하는 대목이기도 하다.
구홍밍은 미국의 사상가인 에머슨(Ralph Waldo Emerson, 1803~1882)의 말을 인용하여 다음과 같은 감정을 드러냈다. "하루 또 하루 인간의 삶에서 가장 우선시되어야 하는 사실은 눈앞에서 가려져 있다. 그러다가 갑자기 미혹의 안개가 사라지고 그것들을 드러낸다. 그때서야 우리는 생각한다. 이러한 것들에 대한, 얼마나 많은 조짐들이 있었던가, 본래 아낄 수 있었던 아름다운 시절들이 얼마나 많이 황폐해졌던가!"

▌ 제4장

子曰: "道之不行也, 我知之矣. 知者過之, 愚者不及也. 道之不
明也, 我知之矣. 賢者過之, 不肖者不及也.
人莫不飮食也, 鮮能知味也."

직역 공자께서 말씀하셨다. "도(道)가 행해지지 못하는 이유를 나는
알았다. 지혜로운 자는 지나치고 어리석은 자는 미치지 못하기 때문
이다. 도(道)가 밝아지지 못하는 이유를 나는 알았다. 어진 자는 지나
치고 어질지 못한 자는 미치지 못하기 때문이다.
사람들이 음식을 먹고 마시지 않는 이가 없지만 맛을 아는 이는 적다."

번안 공자가 말했다. "어찌하여 진정한 도덕적 삶을 실현하기 어려운
지 나는 이제야 알겠다. 명석한 사람은 도덕법칙을 그것보다 실제로
더욱 높고 깊은 것으로 오해하고, 어리석은 사람은 도덕법칙이 실제
로 무엇인지를 충분히 이해하지 못했기 때문이다. 어찌하여 도덕과
법칙이 이해되지 않았는지 나는 이제야 알겠다. 천성적으로 고귀한
사람은 삶을 더욱 숭고하게 가꾸기 위해 그들의 보편적인 진정한 자
아를 더욱 높이고, 천성적으로 비루한 사람들은 삶을 숭고하게 가꾸
지 못했다. 다시 말해, 도덕적으로 보편적인 진정한 자아를 이루지 못
한 것이다.
먹고 마시지 않는 사람은 없다. 그러나 그들이 먹고 마시는 음식의

참된 맛을 아는 사람은 매우 적다.”

해설 중용의 가늠자 가운데 양단을 일러주는, ‘과(過)-불급(不及)’을 염두에 두고, ‘지(知)-우(愚)’와 ‘현(賢)-불초(不肖)’를 이해할 수 있는 유명한 구절이다. ‘과(過)’는 ‘지나침’이자 ‘넘치는 상황’이고, ‘불급(不及)’은 ‘미치지 못함’이나 ‘모자라는 상황’이다. ‘지(知)’는 ‘지혜로움’이고 우(愚)는 ‘어리석음’이다. ‘현(賢)’은 현명함이고 ‘불초(不肖)’는 우매함이다. 이 양단은 모두 중용에서 벗어났다.

세속적으로 ‘지자(知者)’는 궤변적이고 간악한 지혜를 바탕으로 악덕한 짓을 한다. 지나치게 많이 알기 때문에 중용의 도리를 실천할 만한 인간이 되기 어렵다. ‘우자(愚者)’는 어리석어 일상에서 평범하고도 당연한 중용의 도리에 지식이 미치지 못한다. 우둔한 만큼 그것에서 헤어나지 못하고 중용의 도리를 실천하지 못한다.

세속적으로 ‘현자(賢者)’는 자신의 현명함만을 믿고 중용의 도리를 지나친다. 덕을 제대로 갖추지 않고 술수만 부리는 약은 재주꾼의 경우, 자신의 이득만을 찾고 물욕을 채우기 위해 때로는 범죄를 저지르며 일상의 도리를 넘는다. 어떤 경우에는 중용의 도리를 알만한 것이 못된다고 생각해 버리기도 한다. ‘불초자(不肖者)’는 우매하고 못난 만큼, 아예 알려고 하지 않는다. 그래서 항상 중용의 도리가 밝게 나타나지 않는 것이다.

음식의 경우도 마찬가지다. ‘맛을 아는 이는 적다!’라는 의미의 ‘선능지미(鮮能知味)’는 단순하게 미각(味覺)을 음미하는 수준이 아니다. 음식을 먹는 진정한 의미, 건전한 삶에 관한 심각한 성찰이다. 음식은 인간 삶의 물질적 바탕이자 근거다. 그 근본은 ‘삶의 가치’에 있다. 짐

승과 달리, 인간은 본능적으로 살다가 죽는 동물이 아니다. 문명을 창출하고 역사와 사회 문화를 형성하며, 삶의 의의를 고민한다. 그 활력의 사상적 극치가 중용이다.

구훙밍은 독일의 작가이자 철학자인 괴테(Johann Wolfgang von Goethe, 1749~1832)의 명언을 들어 다음과 같이 설명했다.

"본성이 인자하게 되는 방식으로 훈련하는 것이 곧 우리가 되어야할 전부라면, 도덕법칙의 엄격함은 필요하지 않으리라. 이것이 사회의 기괴한 요구이다."

도덕법칙은 삶의 법칙, 즉 인간이 지닌 도덕적 본성의 법칙이다. 도덕적 본성은 우리가 말하는 도덕적 존재로, 다름 아닌, 바로 도덕적으로 진정한 보편적인 자아다. '도덕적인 삶을 산다는 것'은 '일반적으로 사는 것 자체'를 의미하기 때문에, 삶을 산다는 것은 천사(天使)로서의 삶도 아니고, 금수(禽獸)로서의 삶도 아니다. '본성적'이고 '보편적'이며 '이성적'인 인간으로서의 삶을 말한다.

그러나 지나치게 숭고한 삶을 살려는 사람은 '가장 청렴하고 숭고한 사람이 되기를 지향'하기 때문에, 그들이 이뤄야할 본성의 요구를 훨씬 초월함으로써 현실적 감각을 잃기 쉽다. 자기기만 속에서 세상을 사는 사람들은 진정한 삶이 없는 지경에 이르기 마련이다. 사실, 그들은 자신이 먹고 마시는 음식이 어떠한 특징을 지니는지, 그 맛을 제대로 알지 못한다.

▶ 제5장

子曰: "道其不行矣夫."

직역 공자께서 말씀하셨다. "도(道)가 행해지지 못하겠구나."

번안 공자가 말했다. "지금의 세상에는 진실로 근본적으로 도덕적인 사회질서가 없다."

해설 인간의 길이 정상적으로 실행되지 않는데 대한 공자의 한탄이다. 주자는 그 이유를 '사람들이 인간의 길에 대해, 제대로, 명확하게, 알지 못하기 때문이다'라고 진단했다.

이 거듭되는 공자의 한탄은 앞의 '2장-3장-4장'의 탄식과 연속선상에 있다. 2장에서 공자는 '군자는 중용을 알고 행하지만 소인은 중용에 반대되는 짓을 서슴없이 행한다'고 지적했고, 3장에서는 '사람들이 오래 전부터 중용의 도리를 행하지 못하고 있다'고 한탄했다. 그리고 4장에서는 '지자와 현자는 지나치고, 우자와 불초자는 미치지 못하므로 결국은 아주 당연한 중용의 도리를 제대로 알지도 못하고 행하지도 못한다'고 탄식했다. 여기 5장은 이 일련의 과정을 거치며 거듭 한탄하는 장면이다.

때문에 『중용』의 머리글인 제1장에서 『중용』의 도리를 밝히기 위한 '교육', '교화', '예교'의 실천을 진지하게 고민하며 강조하였다. 그 무엇보다도 교육이 중용의 도리를 밝히는 바탕이다. 공자는 아무 거리낌 없이 악덕(惡德)을 마구 행하는 정치지도자나 일반 사람을 향해 간절하게 호소한다. 그 외침의 절정에 귀를 기울일 필요가 있다.

구홍밍은 이 구절에서 '도(道)'라는 글자는 사회질서에서 표현된 도덕법칙을 가리킨다고 했다. 그리고 공자는 자신이 살던 시대에 대해 비관적 시선을 지니고 있다고 판단했다. 마치 영국의 역사가이자 비평가인 칼라일(Thomas Carlyle, 1795~1881)이나 시회사상가이자 비평가인 러스킨(John Ruskin, 1819~1900)이 당시 유럽을 비판하며 세계가 잘못된 궤도를 달리고 있다고 여긴 것처럼 말이다. 그들은 인류의 발전 방향과 사회 구조는 완전히 잘못되었다고 생각했다.

▶ 제6장

子曰: "舜其大知也與? 舜好問而好察邇言, 隱惡而揚善, 執其兩端, 用其中於民, 其斯以爲舜乎!"

직역 공자께서 말씀하셨다. "순(舜)임금은 큰 지혜일 것이다. 순임금은 묻기를 좋아하고, 얕고 가까운 말에 대해 살피기 좋아하되, 악(惡)을 숨겨 주고 선(善)을 드날리며, 두 끝을 잡으시어 그 중(中)을 백성에게 쓰니, 그 때문에 순임금이 된 것이다."

번안 공자가 말했다. "옛날에 제왕 순임금이 있었다. 그는 아마 진정으로 위대하고 지혜로운 인물 가운데 한 분일 것이다. 순임금은 천부적으로 지식에 대한 욕구가 많았다. 가까이 있거나 유사한 일에 대해 묻고 살피기를 좋아하였다. 즉 주변의 가까운 곳에 있는 사람의 말에 관심이 많았다. 여기서는 매일 삶속에서 나누는 일반적인 대화의 주제들을 가리킨다. 그는 악(惡)을 단지 소극적인 일이라 생각했고, 선(善)을 단지 적극적인 존재라 여겼다. 소극적인 것과 적극적인 것이라는 두 극단을 두고, 사람을 평가하고 임용하기 위해 국민을 대할 때, 이 두 가지 극단적인 것의 가운데 정서를 사용하였다. 이것이 바로 순임금이 지닌 위대한 지혜의 특징이다."

해설 순임금의 '대지(大知; 큰 지혜)'는 다음과 같은 특징을 지닌다. 첫째, 사람에게 묻기를 좋아한다. 둘째, 일상에서 쓰는 얕은 지식이나 자주 쓰는 말도 잘 살핀다. 셋째, 악한 것은 덮어두고 선한 것을 선양한다. 넷째, 반대 의견도 일단 수용하고 정확하게 살피고 헤아려 실제 상황에 맞게 사람과의 관계를 맺는 데 활용한다.

이러한 순임금의 지혜에 대해, 구훙밍은 유럽의 저명한 작가나 사상가를 사례로 들어 서구인들을 이해시킨다. 여기서 언급한 고대 중국의 제왕인 순임금에 대한 평가는, 유럽의 지혜롭고 위대한 작가에 비유한다면, 영국의 세계적 극작가인 셰익스피어(William Shakespeare, 1564~1616)와 독일의 작가 괴테를 들 수 있다.

셰익스피어의 위대한 지혜는 다음과 같이 이해할 수 있다. 그의 모든 희곡 가운데 본질적으로 나쁜 사람은 없었다. 셰익스피어의 지혜로 볼 때, '곱사등 리차드'와 같이, 대중들이 상상으로 그려낸 악당은 '가증스러운 얼굴'의 범죄자로 바뀔 수 없고, 심지어 진정으로 비열한 나쁜 사람도 아니었다. 오히려 용감하고 용맹한 사람이었다. 단지 그 병적인 방식의 강렬한 보복 감정이 만들어낸 두렵고 잔인한 행위 때문에 그 자신은 종국적으로 비참한 결말을 맞이하게 되었다.

사실, 셰익스피어의 모든 비극 작품 가운데 그려진 비극들은 마치 현실 속 인간의 삶과 같다. 극 속에 그려진 사악함은 인간의 본성 가운데서 비롯된 사악함이 아니다. 또 하찮은 저속한 사람들이 환상 속에 있는 것도 본질적으로 사악한 사람의 고난에 자리하는 사안이 아니다. 오히려 그러한 병적인 격정이 사람에게 비참한 과정을 겪게 하고 비참한 결과를 맞이하게 만든다. 용맹하고 용감하며 고귀한 성품을 가진 사람이기에, 사람들이 불쌍하게, 그 불행과 고통을 가볍게 여기게 된다. 여기에 셰익스피어의 위대한 지혜가 함축되어 있다. 셰익스피어의 지혜로 볼 때, '사악한 악당'은 단지 강렬한 감정을 가진 병적인 사람이다.

위대한 시인 괴테의 지혜로 이해하면, 악마는 지옥에서 고난을 겪는 악당이 되지 않을 뿐더러, 심지어는 사악한 정신의 소유자가 아니다. 단지 부정적인 정신의 소유자일 뿐이다. 실제로, 단지 부분적인 것, 충분히 발달하지 못한 본성일 뿐이다. 괴테는 이렇게 말했다. "우리 인류의 본성 가운데 가장 악하다고 말할 수 있는 것은 단지 하나의 결여나 충분하지 못한 발달이다. 하나의 추악한 기형은, 결여 또는 지나치게 어떤 도덕적 특성을 소유한 것이지 절대적인 사악함이 아니다."

우리는 지금, 위의 구절에서, 위대한 지혜의 진정한 특성은 어떤 하나의 사물이 지닌 '본성의 선(善)'을 보아내는 것이다. 악(惡)의 능력을 보아내는 것이 결코 아니다. 이 얼마나 심오하고 진실한가!

에머슨도 말했다. "우리는, 어떤 사람이 지혜로운지의 여부를 인식할 때, 그가 희망하는 바의 넓이를 보고 판단한다." 이 말이 사실이라면, 개인과 민족 가운데 만연된 비관주의는, 곧 불건전한 지혜이고 결여되거나 또는 기형적인 조짐임에 분명하다.

▶ 제7장

子曰: "人皆曰予知, 驅而納諸罟擭陷阱之中, 而莫之知辟也. 人皆曰予知, 擇乎中庸, 而不能期月守也."

직역 공자께서 말씀하셨다. "사람들이 모두 말하기를 '나는 지혜롭다' 하되, 그물이나 덫, 함정 가운데로 몰아넣어도 피할 줄을 알지 못한다. 사람들이 모두 말하기를 '나는 지혜롭다' 하되, 중용을 택하여 한 달도 지키지 못한다."

번안 공자가 말했다. "사람들은 모두 말한다. '나는 총명하다!'라고. 그러나 쫓겨서 덫에 걸리거나 어떤 함정에 빠지거나 또 어떤 속임수에 빠졌다면, 그 탈출하는 길을 어떻게 찾아야 하는지 아무도 알지 못한다. 사람들은 모두 말한다. '나는 총명하다!'라고. 그러나 그들이 도덕적 본성, 즉 평소의 일반적인 진정한 자아 가운데 진정한 중심을 잡는 실마리와 평형을 유지하는 방법을 찾고, 아울러 그와 서로 일치하는 행위 방식을 따르려고 할 때, 그들은 1개월을 온전하게 유지하지 못한다."

해설 안다는 것, 지식이나 지혜의 차원은 무엇일까? 이 구절은 '앎[知]'에 대해 진지하게 생각할 시간을 주는 대목이다. 주자는 이 구절을 다음과 같이 이해했다. "화(禍)가 닥칠 줄 알면서도 피할 줄 모르고,

선택할 줄 알면서도 그것을 충분히 지키거나 행하지를 못하니, 이런 삶의 자세는 모두 앎이라 할 수 없다!"

다시 강조하면, 이는 중용의 도리를 지키는 문제와 직결된다. 때문에 중은 반드시 선택해야만 한다. 또 지키지 않아서도 안 된다. 선택하되 지키지 않으면 궁극적으로 자신의 것이 아니다. 선택할 수 있고 지킬 수 있어야 진정한 '앎'이라 말할 수 있다.

이유는 간단하다. 지금 모든 사람들이 '나는 지혜롭다!'라고 말한다. 아마도 자신들은 어떤 일을 하건, 그 일 가운데 화의 기틀이 숨어 있는 것을 알고 있다고 생각하는 모양이다. 그러나 실제로는 그렇지 않다. 명리(名利)를 얻으려고 다투어 달려 나가고, 마구 좇아가다가 그물과 덫에 걸리고, 함정에 빠져들면서도 피할 줄 모른다. 더구나 험한 짓을 하다가 패망한다. 이는 그들의 마음이 욕망에 찌들어 덮여진 것이 있어서이다. 이런 상황을 두고, 어찌 지식이나 지혜, 앎의 문제를 말할 수 있겠는가?

짧은 구절이지만, 구훙밍의 설명도 원문에 비해 상당히 길다. 앞의 6장에서도 고민해 보았듯이, 사람들의 지혜 결여와 건전하지 못함 때문에 세계는 무정부상태로 존재하며 도덕적 질서가 무너지고 사라진다. 그래서 공자의 말을 인용하여 하나의 위대한, 온전한, 건전한 지혜의 진정한 특징을 표현하였다. 마찬가지로 이 7장에서는 공자의 또 다른 말을 인용하여, 이른바 총명한 사람들의 어리석음을 표현하였다. '총명한 사람'들은 사적인 일이나 공적인 사무에서 경직된 상황을 처리할 때, 100개 가운데 하나도 쓸 것이 없다고 스스로 그렇게 여긴다. 그런 태도는 덫이나 그물에 걸리고 함정이나 속임수에 빠져 곤혹스러워하는 것과 같다. 간혹, 그들의 병적인 격정이 자신의 삶을 비롯하여 세상도 이러한 경직된 상황 속으로 빠져 들게 만들었다.

그러므로 어떤 사람이 곤경과 경직된 상황에 빠졌을 때, '어떻게 하면 자연스럽게 벗어날 수 있을까?' '그 혼란한 상황을 벗어날 수 있을까?' '경직된 상황을 벗어날 수 있을까?'라는 갈망과 더불어 발악하는 반응을 보기도 한다. 그들은 항상, 자기도 모르는 사이에, 많은 생각을 어지럽게 하거나 총명한 계책 또는 모략을 생각한다. 특히, 총명한 사람일 경우에 더욱 그러하다. 그러나 이는 혼란과 경직된 상황을 벗어날 수 있도록 하는 것이 아니라 더욱 망치게 만든다. 때문에 지금 어떤 민족이나 세상이 혼란과 경직된 상황에 빠졌을 때, 스스로 총명을 자랑하는 사람이 스스로 용기를 내어 개혁방안을 제기한다. 여러 입법기구의 건설과 증세, 그리고 금본위제도(Gold standard) 등, 박식하고, 번잡하며, 복잡하고, 총명한 대책을 내놓는 일들이 도처에서 벌어진다. 야심이 큰 사람은 교육적으로 형이상학과 논리적 변증법, 헌법의 기하학적 구조, 이보다 훨씬 더 사람을 미혹시키는 다채로운 사안을 제기함으로써, 사람이 다른 사람을 기만하지 않는 상황에서 어떻게 이웃에게 새로운 계산법을 이용할 수 있는지를 가르친다. 그것이 다름 아닌 정치경제학 이론이다.

그러나 이러한 총명하고 박식한 듯이 보이는 사람들의 행위는 모두 무지한 것이다. 그들은 일반적이고 간단한 사실에 대해 맹목적이었다. 당신이 어떤 사람에게 개혁에 성공하여 곤경에서 벗어날 수 있게 하려면, 말하지 않아도, 반드시 먼저 그들 자신을 어떻게 개혁하는지를 알려줄 것이다. 그 사람의 본질, 즉 그들의 성격, 언행, 그리고 그들의 감정과 사상의 방식, 그들의 생활과 행위 방법이 반드시 급하게 개혁이 필요한 것이 아니라면, 그들은 혼란과 경직된 상황에 놓이지 않을 것이다. 하지만 그 사람의 본질이 확실히 개혁할 필요가 있고, 그가 처한 상황도 이와 같이 나타난다면, 당신은 그에게 복잡한 방법으로 누르거나 어떠한 방법으로 대처해야 하는지를 가르친다 하더라도 모두 쓸데없는 일이 될 수 있다. 엄밀히 말하면, 자신이 혼란과 경직된 상황에 처한 경우, 그 사람은 스스로 자신을 조절하여 그의 본질을 바꾸어야 한다. 그랬다면, 상당 부분 그 사람이 처한 상황은 개선되었을 것이다. 그렇지 않고서는 그 미묘하고 뛰어난 개혁안을 시행한다 하더라도, 그 자신이 처한 실제로 어려운 상황을 이해한다 하더라도, 개혁안을 사용하여 어떠한 좋은 효과를 거두기는 어려울 수 있다.

다시 강조하면, 개인이나 한 민족의 민중이 어떠한 개혁방안을 착수하여 시행하기 이전에는 반드시 먼저 스스로를 개혁해야 한다. 요컨대, 도덕 개혁은 반드시 다른 어떤 개혁보다 먼저 실천해야 한다.

그러므로 한 개인이나 민족, 그리고 온 세상을 놓고 말할 때, 자신이 경직된 상황과 혼란에 처했을 때, 오직 하나의 벗어날 수 있는 진정한 길은 이와 같이 간단하다. 공자가 말한 바와 같이, 이 얼마나 놀라운가! 이른바 총명한 사람들은, 놀랍게도 그들의 총명으로 이런 사실을 보지 못한다. 간략하게 말하면, 길은 바로 자기 스스로 마음의 평화와 판단의 냉정함을 되찾는 데 있다. 자신의 진정한 자아를 되찾는 일이다. 공자의 말로 환원해 보면, 자신의 도덕적 본성의 중심 실마리와 평형을 되찾는 작업이다.

이런 점에서 도덕개혁은 자신의 진정한 자아 회복을 의미한다. 그 자신이 혼란과 경직된 상황에 놓인 한 사람이거나 한 민족의 민중들은 일단 새롭게 마음의 평화와 판단의 냉정함을 되찾아야 한다. 일단 진정한 자아를 되찾자! 이렇게 해야만, 비로소 당위적인 진실한 환경을 볼 수 있다. 한 사람이거나 한 민족의 당위적인 진실한 환경을 이해하면, 어떤 적절한 방법을 취할지 장차 알 것이다. 그렇게 하면, 바로 질서를 잡아나갈 수 있다. 나아가 진정한 질서와 우주 만물의 체계에 들어갈 수 있다. 사실, 이런 작업이 바로 우리가 말한 도덕적으로 정의롭고 공평한 일을 하는 것이다. 어떤 사람이 이미 자신의 진실한 자아를 알았다면 도덕적으로 공평하고 정의로운 차원의 일을 경험할 수 있다. 그때, 이와 같은 도덕질서와 만물의 체계는 모두 그에게 호응하고 그를 따를 것이다. 이러한 사람을 중심으로 할 때, 어떠한 일이든지 조화로운 질서 가운데로 들어갈 수 있다.

▌제8장

子曰: "回之爲人也, 擇乎中庸, 得一善, 則拳拳服膺而弗失之矣."

직역 공자께서 말씀하셨다. "안회(顏回)의 사람됨이 중용을 택하여 하나의 선(善)을 얻으면 소중하게 받들어 가슴에 두어 잃지 않는다."

번안 공자가 그가 가장 아끼는 제자 안회에 대해 말했다. "안회는 평생 동안 그의 도덕적 본성 가운데 중심의 실마리를 탐구한 사람이다. 하나의 아름다운 사물을 파악했을 때, 그는 모든 힘을 다하여 그것을 껴안고 영원히 잃지 않았다."

해설 앞의 7장에서는 사람들이 '자신은 안다'고 말하면서 실제로는 바르게 알지도 못하고 실천하지도 못함을 지적했다. 이 구절은 공자의 제자 안회를 내세워, 그가 진정으로 중용의 도리를 알고 실천했음을 강조했다.

안회는 앞에 나온 순임금과 대비된다. 순임금은 중용의 도리를 써서 백성을 다스렸다. 그런데 안회는 중용을 선택하고 실천하여 하나라도 의미 있는 성과나 덕을 얻으면 그것을 소중하게 받고 마음속에 지니고 잃지 않고 계속 행했다. 따라서 안회의 학문이나 교육은 순임금처럼 되는 바탕을 정밀하게 선택하고 경건하게 지키는 일이었다. 이때 중용의 도리를 선택하는 일은 '지(知)'에 달려 있고, 도리를 지키는 일은 '인(仁)'에 달려 있으며, 도리를 단호하게 실천하는 일은 '용(勇)'에 달려 있다. 이것이 그 유명한 '지(知: 智)-인(仁)-용(勇)'의 유기체 공부다.

구훙밍은 다음과 같이 설명을 보탰다. 바로 위 단락에서 말한 바와 같이 순임금은 지혜를 타고난 전형적 인물이다. 즉 매튜 아놀드 선생이 말한 '그리스 정신'의 대표적 인물로 보아도 무방하다. 여기서 말한 안회는 도덕적·정감적 또는 종교적 양식의 전형적 인물이다. 아놀드 선생이 말한 '히브리 정신'의 대표적 인물로 보아도 무방하다. 아놀드 선생이 말한, 최상의 책임감, 스스로 절제하는 능력과 근면으로 가장 빛나는 질풍노도의 열정을 얻을 수 있었다. 이 모든 것들을 하나의 힘으로 볼 수 있다. 이 밖에도, 바른 행위를 기반으로 사람들에게 진리로 나아가게 하는 지혜, 그러한 사람들의 발전에 따라 형성된 새롭게 변화하는 사상적 구성에 대한 민감함, 철저하게 이러한 사상을 알려고 행하는 온전하게 조절하여 절제할 수 없는 충동, 이러한 모든 것들을 우리는 또 다른 하나의 힘이라고 본다. 이런 차원에서, 가장 잘 드러난, 가장 찬란한 모습으로, 이 두 가지 힘을 상징하는 두 민족, 그것은 바로 '히브리 정신'과 '그리스 정신'이다.

▶ 제9장

子曰: "天下國家, 可均也; 爵祿, 可辭也; 白刃, 可蹈也; 中庸, 不可能也."

직역 공자께서 말씀하셨다. "천하와 국가를 고르게 다스릴 수 있고, 작위나 녹봉을 사양할 수 있으며, 흰 칼날을 밟을 수 있으나 중용은 할 수 없다."

번안 공자가 말했다. "한 사람이 그가 차지하고 있는 국왕이나 제국을 포기한다고 선포한다면, 그 직위로 인하여 가져오는 영예와 수익을 포기한다면, 적나라하게 드러난 무기를 발로 밟을 수 있다면, 이와 같이 하였다 하더라도, 그는 오히려 그의 도덕적 본성 가운데 중심적 실마리를 찾지는 못할 것이다."

해설 이 구절은 중용의 어려움을 비유한 말이다. 지혜로운 사람은 나라를 잘 다스릴 수 있다. 인자하고 청렴한 사람은 벼슬을 사양할 수 있다. 무예와 용맹이 넘치는 사람은 칼날도 밟을 수 있다. 그러나 이런 일을 잘한다고 중용을 행하기는 어렵다.

주자의 주석에 의하면, 이 세 가지는 모두 한 쪽으로 치우친 일이다. 자질이나 기질이 어느 하나에 가깝고, 또 기력이 견딜 수 있는 사람이라면 충분히 할 수 있다. 상황에 따라 어렵게 느껴질 수도 있겠지만 실제로는 쉬운 일이다. 반대로 중용은 쉽게 느껴지지만 실제로는 어려운 일이다. 사람들이 능수능란하게 중용의 도리를 이행하지 못하는 이유가 여기에 있다.

구홍밍의 해설은 다음과 같다. 위의 글에서 '균(均)'의 글자 그대로의 뜻은 '평균'이나 '고르게 나눔'이다. 여기서는 동사로 쓰였고, 그 뜻은 '전혀 관심이 없다', '개의치 않다', 또는 '평등하게 보다'이다. 그러므로 '포기'하는 것이다.

이전의 장에서, 『중용』의 저자는 '위대한 지혜로운 사람'의 특성을 묘사했다. 또 '반지자(半智者)', 즉 세속적인 지자(知者)가 망령되이 스스로 위대하고 고상한 듯하지만, 100가지 가운데 하나도 쓸모가 없는, '거짓된 그리스 정신'의 특성을 보여 주었다. 하지만 이 장에서는 참된 '그리스 정신'의 유형을 지적하였다. 다시 공자의 말을 인용하여, '거짓 히브리 정신'의 특성을 조망했다. 그것은 곧 도덕적 정감과 종교적 측면에서 균형을 잃은 이후, 사악함과 악습이 표출된 결과다.

금욕주의와 열광적인 정신을 표현하는 세계 종교의 역사는 여기에서 제기한 '거짓 히브리 정신'으로 증명된다. 또한 사람들이 본성 가운데 도덕적 정감 및 종교적 측면에서 균형을 잃은 상황이 얼마나 위험한지를 여실히 보여주었다.

괴테가 말했다. "종교의 경건함은 종점이 아니다. 단지 그것을 통해 성정(性情)과 사상이 철저하게 평정심(平靜心)을 유지하고, 문화 또는 인류의 삶이 완벽한 상태에 이르도록 한다." 괴테가 말한 종교적 경건은 기독교와 불교가 가르치는 가장 아름다운 미덕이다. 일본 무사도(武士道)가 강조하는 진실한 미덕과도 상통한다. 스스로 절제하고 희생하며, 고통과 죽음에 당면하여 용감하고 두려움이 없는 것이다.

일본 무사도에서 강조하는 미덕도 종점이 아니다. 단지 종점으로 가는 도정(道程)에 있다.

매튜 아놀드가 말한 바와 같이, "기독교는 언행이 공평하고 정직한 죽음의 규칙이 아니라 하나의 마음, 하나의 사상적 상태이다." 이는 기독교, 불교, 그리고 무사도를 단지 계율을 비교했다기보다는 인류의 성정(性情)과 정신을 교육하는 방법이라 보는 것이 더욱 정확하다. 계율은 일정한 미덕의 실천 가운데 존재한다. 기독교나 불교의 경건함, 그리고 무사도의 자아 희생정신과 용맹한 정신 가운데 있다.

괴테가 말한 것처럼, 이러한 미덕의 실천은 종점이 아니다. 한 사람 또는 한 민족이 충분하게 그들의 마음과 사상 상태를 교육하여, 완미한 상태에 이르는 길에 있음을 뜻한다. 오히려 이러한 마음과 사상이 온전한 상태에 도달함으로써 인류 사회는 최고의 경지에 이른다. 한 민족이 이러한 경지에 이르면, 이는 인류문명 가운데 가장 높은 상태로 존숭된다.

그러나 이러한 미덕을 지나치게 훈련하거나 교육으로 몰아붙이면, 본래의 목적에 위배되거나 소극적인 길을 갈 수도 있다. 정신적 차원에서 이런 미덕을 관철시키려고 한다면, 그것을 촉진할 수 없을 뿐만 아니라, 오히려 해칠 수 있고, 심지어는 이러한 미덕이 본래 이루어야 할 마음과 사상이 완미한 상태를 무너뜨리기도 한다. 이런 상황에서는 그런 교육적 실천이 해롭고 유익하지 않은 계율이 될 수 있다. 예를 들면, 자아절제 훈련을 지나치게 실시하는 경우, 스토아학파처럼 증오와 멸시의 정신을 불러올 수 있다. 초기 기독교의 제자들, 그리고 당시 구세군(Salvation Army)처럼 호전적이고 극단적으로 자부하는 정신을 초래할 수도 있다. 이와 같이 자아절제의 미덕을 실천하는 사례를 보편질서의 관점에서 보면, 더 이상 미덕이 아니고 악행이거나 일종의 죄악이 된다. 왜냐하면 그것은 미덕을 촉진하지 않을 뿐만 아니라 오히려 유해하며, 심지어 마음과 사상의 아름다움과 조화로운 상황조차도 파괴한다. 인류의 아름다운 사업에서, 세계의 참된 문명의 건설에서, 분명히 유해하다. 마찬가지로 고통과 죽음을 대할 때, 용맹하고 두려움 없는 미덕을 지닌 일본 무사도의 경우, 그것을 지나치게 관철시키거나 증오와 멸시의 정신 가운데 둔다면, 이 또한 열광적이고 도덕적인 미치광이로 변할 것이다. 이런 현상은 결코 미덕이 아니다. 악행이자 죄악이다. 그것은 진정한 무사도 실천에 종지부를 찍는 사안이 될 수도 있다.

▶ 제10장

子路問强.
子曰: "南方之强與? 北方之强與? 抑而强與? 寬柔以敎, 不報無
道, 南方之强也, 君子居之.
衽金革, 死而不厭, 北方之强也, 而强者居之.
故君子和而不流, 强哉矯! 中立而不倚, 强哉矯! 國有道, 不變塞
焉, 强哉矯! 國無道, 至死不變, 强哉矯!"

직역 자로(子路)가 강(强)함에 대해 물었다.

공자께서 말씀하셨다. "남방의 강함인가? 북방의 강함인가? 아니면
너의 강함인가? 너그럽고 부드러운 태도로 가르쳐 주고, 무도(無道)함
에 보복하지 않는 것은 남방의 강함이니, 군자가 이에 처한다.

병장기(兵仗器)와 갑옷을 깔고 자서 죽어도 싫어하지 않음은 북방의
강함이니, 강한 자가 이에 처한다.

그러므로 군자는 화(和)하되 흐르지 않으니, 강하다, 꿋꿋함이여! 가
운데 서서 치우치지 않으니, 강하다, 꿋꿋함이여! 나라에 도(道)가 있
어도 궁색했을 때의 절개를 바꾸지 않으니, 강하다, 꿋꿋함이여! 나
라에 도가 없어도 죽을 때까지 지조를 바꾸지 않으니, 강하다, 꿋꿋
함이여!"

번안 공자의 제자 자로가 무엇이 품격(品格)의 힘인지를 물었다. 공자

가 말했다. "너는 남방 국가의 백성이 지닌 품격의 힘을 물은 것이냐? 아니면, 북방 국가의 백성이 지닌 품격의 힘을 물은 것이냐? 혹은 너는 절대적 의미로서 품격의 힘을 물은 것이냐? 관용, 온화, 흔쾌히 실시한 교육, 사악함으로 사악함을 대하지 않는 것, 이런 자세가 남방 국가 백성이 지닌 품격의 힘이다. 이것이 도덕적 인간의 이상이다.

누워 있을 때는 전신을 무장하고 죽음 앞에서는 조금도 후회하지 않는다. 이것이 북방 국가 백성이 지닌 품격의 힘이다. 이런 자세는 용감한 사람 이상에 해당한다. 그러나 절대적인 의미로서 힘은 다른 것이다.

그러므로 진정으로 도덕적 품격의 힘을 소유한 사람은 태연하고 부드러우며 약점이 없다. 그는 변별 능력도 결여되어 있지 않다. 그의 힘은 얼마나 철저하고 확고한가! 그는 홀로 서 있으나 어떠한 편견도 없다. 그의 힘은 얼마나 철저하고 확고한가! 국가에 도덕적 사회질서가 살아 있을 때 그가 벼슬을 하면, 그는 자신이 관직에서 물러나더라도 자기의 모습을 바꾸지 않는다. 국가에 도덕적 사회질서가 사라졌을 때도 그는 자기 방식을 굳게 지켜 죽을 때까지 멈추지 않는다. 그의 힘은 얼마나 철저하고 확고한가!"

해설 자로(子路)는 공자의 제자 중유(仲由)다. 수많은 제자 가운데, 앞에서 나온 안회(顔回)와 더불어 『중용』에 등장하는 애제자 가운데 한 사람이다. 자로는 공자의 제자 중에서 혈기가 왕성하고, 가장 용감했다. 지나칠 정도로 용맹함을 좋아했다. 엄밀히 말하면, '강(强)'에도 여러 부류가 있다. 무력으로 남을 쳐서 이기는 일도 강이고, 어떤 사안에 대해 참고 견디는 일도 강이다. 이런 강보다 더 큰 강은 욕심을 극복하고 인간의 길을 지키는 일이다.

구홍밍은 강한 사람의 상징을 서구 사람들에게 익숙한 『신약성경』의 「디모데후서[2Timothy]」(3:24-25)에서 인용한다. "많은 사람들을 따뜻하게 대하고, 잘 가르치며, 마음을 보존하여 인내하고, 부드럽게 권하고 경계하여 그러한 사람을 저지하는 사람이다."

하지만, 남방의 강은 유약하고 패배적 속성을 보인다. 북방의 강은 야만적이고 전투적이다. 인류 역사를 보아도 그런 느낌이 배어 있다. 고대 중국의 여러 국가의 경우, 북방 민족은 강인하고 무력에 능숙하다. 이는 사상이나 문학 작품에도 반영되어 있다.

'강함'의 문제는 크게 세 가지로 분류된다. '남방의 강', '북방의 강', '중용의 강'이 그것이다. '남방의 강'은 너그럽고 부드러운 태도로 사람을 교육하고, 무례하고 무도한 사람에게도 함부로 보복을 하지 않는다. '북방의 강'은 창이나 칼을 베개로 삼고 전투복을 걸친 채 잠을 자며 죽음도 두려워하지 않는다. '중용의 강'은 자신의 주체적 정신을 확립하고 끝까지 변하지 않은 삶의 태도를 견지한다.

'중용의 강'은 달리 말하면 '도덕적 품격을 갖춘 군자의 강함'이다. 이는 남방이나 북방의 강함과는 차원이 다르다. 그것은 네 가지로 정돈된다. 첫째, '화이불류(和而不流)'다. 화합하면서 사람들과 더불어 하지만 자신의 주체성을 잃거나 남에게 휩쓸리지 않는다. 둘째, '중립불의(中立不倚)'다. 가운데 서서 균형을 맞추고 한 쪽으로 기울지 않는다. 셋째, '불변색언(不變塞焉)'이다. 막혔을 때의 태도를 바꾸지 않는다. 입신출세하고 부귀를 누려도 궁색했을 때의 생활태도나 절개를 변하지 않고 유지한다. 넷째, '지사불변(至死不變)'이다. 열린 마음으로 착한 사람의 도리를 죽을 때까지 변치 않고 지킨다.

▶ 제11장

子曰: "素隱行怪, 後世有述焉, 吾弗爲之矣.
君子遵道而行, 半塗而廢, 吾弗能已矣.
君子依乎中庸, 遯世不見, 知而不悔, 唯聖者能之."

직역 공자께서 말씀하셨다. "숨은 도리를 찾아 말하고 괴이한 짓을
행함을 후세(後世)에 기술하는 이가 있는데, 나는 이러한 짓을 하지 않
는다.
군자가 도(道)를 따라 행하다가 중도에 폐지하는데, 나는 그만두지
못하노라.
군자는 중용을 따라, 세상에서 물러나 숨어 살고 남에게 알려지지 않
아도 후회하지 않나니, 오직 성자(聖者)만이 이에 능하다."

번안 공자가 말했다. "어떤 사람들은 종교와 철학 가운데 심오하고
알기 어려운 뜻을 탐구하고, 게다가 괴이하고 기이한 인생을 살므로
써 자손과 후손들이 자기 이름을 기억하게 한다. 그런 일을 나는 영원
히 하지 않을 것이다.
또 착한 사람이 도덕법칙에 부합되는 삶을 영위하려고 한다. 그러나
그들은 길을 반 정도 갔을 때 곧 포기한다. 나는 영원히 포기하지 않
을 것이다.
마지막으로, 진정으로 도덕적인 인간들이 있다. 그들은 무의식적으

로, 보편적으로, 도덕질서와 완전히 일치하는 삶을 살아간다. 그들은 세상에서 묵묵히 그 이름이 들리지 않으며, 사람들에게 주목받지도 않는다. 그러나 그들은 개의치 않는다. 오직 본성이 성스럽고 깨끗한 사람이야말로 이와 같이 할 수 있다."

해설 이 구절은 중용의 도리를 더욱 드러내기 위한 역설이다. 주자의 주석에 의하면, 괴이한 말이나 행동은 세상 사람들을 기만하고 이름을 도둑질하기에 충분한 사안이다. 그만큼 후세의 어떤 사람이 그것을 칭찬하고 기술할 수도 있다. 하지만 그와 같은 비상식적인 언행은 지식의 범주, 앎의 차원을 넘어 섰다. 착한 중용의 도리를 선택한 것도 아니다. 실천의 차원에서도 지나치다. 중(中)을 행한 것이 아니기에, 그만큼, 억지로 고집스럽게 행할 일이 결코 아니다!

구흥밍에 의하면, 공자의 시대에도 현학적인 사상을 가진 지혜로운 사람이 많이 있었다. 예컨대, 노자(老子)와 같은 사람은 인류를 구원하는 일은, 그들이 이미 발견한 깊고 오묘하며 어려운 '주의'에 의거하여 해결할 수 있다고 믿었다. 또 일부 박애주의자, 즉 묵자(墨子)와 같은 인물은 사회적으로 사악한 모든 것들을 치유할 수 있다고 생각했다. 사람들이 평범하지 않는 삶을 살아가려고 한다면, 신발을 주면 신고 해져도 다시 기워 신고, 더 이상 바지를 갖춰 입지 않아도 된다고 여겼다.

지금 기독교 전도사들은 유학이 종교가 아니라고 말한다. 왜냐하면 유학에는 심오한 이론이 없기 때문이다. 예컨대 기독교의 '삼위일체(三位一體)' 교리나 '하나님의 영원한 아들'과 같은 성스러운 이론이 없다는 말이다. 그러나 '유학은 분명히 믿을 만한 사상이다!'

매튜 아놀드가 말했다.

"어떠한 사물이 형이상학적인 것이어서, 그에 대해 아무런 방법이 없고, 또 어떠한 곳에서 아무런 재주도 없는 일반 사람이 심오한 추리를 할 수 있는 어려운 길을 가면서 스스로 편안함을 느낀다면, 그것은 바로 종교이다. 왜냐하면 종교의 목적은 행위이며, 행위는 세상에서 가장 간단한 일이기 때문이다. 비록 사람들이 항상 '철학(哲學)'으로 포장해서 드러내지만 말이다."

공자는 진정한 종교지도자임에 분명하다! 그의 위대한 점은, 그의 가르침 가운데 심오하고 어려운 '주의(主義: -ism)'가 없다는 데 있다. 게다가 그는 어떠한 평범하지 않은 삶의 이론을 강조하지 않는다. 오히려 일상생활 가운데 보편적이고 간단한 책임을 강조한다. 공자의 어록집인 『논어』에서 그는 네 가지 사안으로 사람을 가르친다. 그 네 가지는 문학·행위·정직함·솔직함이다.

영국의 역사가 프루드(James Anthony Froude, 1818~1894) 선생이 말했다. "내가 일찍이 영국의 교회에서 설교를 수백 번 들었다. 그러나 들은 것은 성인(聖人)의 흔적 아니면, 전도사들의 전도하는 말과 사도들로부터 전승된 말, 아니면 주요 교리나 정의(正義), 그리고 '일을 잘하라'는 이론적인 말과 글자를 묵묵히 보여주는 것, 성찬(聖餐)의 효력과 같은 것들이었다. 그럼에도 나는 기독교의 가장 오래된 계율에 관한 강의를 들은 적이 없다. 다시 말해 사람에게 성실한 사람이 되도록 하는, 예컨대 '거짓말하지 말고', '도둑질 하지 말라'는 가르침을 들은 적이 없다.

이러한 서구인들의 언급에 비추어볼 때, 공자의 가르침은 너무나 일상의 윤리에 집중되어 있다. 그것이 유학이 지닌 사상적 특징이다. 유학은 윤리적이고 도덕적 측면에서, 어떤 종교보다도 탁월한 차원을 지니고 있다.

매튜 아놀드 선생이 말했다. "이해의 차원에서 말하면, 행위는 세상에서 가장 간단한 일이다. 실제로 일을 한다는 것은 세상에서 가장 어려운 작업이다."

그러므로 라틴어 시에서 노래했다. "나는 무엇이 선(善)인가를 보았다. 나는 또 선을 찬성한다. 그러나 나는 오히려 악(惡)을 행한다."

▶ 제12장

12-1

君子之道, 費而隱.

직역 군자의 도(道)는 광대(廣大)하나 은미(隱微)하니라.

번안 도덕법칙은 어디에서나 볼 수 있다. 그러나 그것은 여전히 비밀이다.

해설 12장은 공자(孔子)의 말이 아니라, 공자의 손자인 자사(子思)의 말이라고 한다.『중용』1장의 "도는 잠시도 떨어질 수 없다(道須臾不可離)"라는 구절을 부연 설명한 것이다. 즉 인간의 길, 그 최적의 상황인 중용의 도리는 일상에서 조금도 이탈할 수 없다. 평소에 일용하는 생활 자체다. 그러기에 중용은 언제 어디서나 그 작용이 광대하게 나타나면서도, 그 본체는 일상에 녹아들어 숨겨져 있다. 구훙밍은 괴테의 말을 빌려, 그것을 '공개적 비밀'이라고 했다.

12-2

夫婦之愚, 可以與知焉. 及其至也, 雖聖人亦有所不知焉. 夫婦
之不肖, 可以能行焉. 及其至也, 雖聖人亦有所不能焉.
天地之大也, 人猶有所憾. 故君子語大, 天下莫能載焉; 語小, 天
下莫能破焉.

직역 어리석은 부부(夫婦)일지라도 더불어 알 수 있다. 그 지극함에 이
르러는 비록 성인(聖人)이라도 또한 알지 못하는 바가 있다. 못난 부부
일지라도 행할 수 있다. 그 지극함에 이르러는 비록 성인이라도 또한
능숙하지 못한 바가 있다.
천지(天地)의 큼으로도 사람이 오히려 유감으로 생각하는 바가 있다.
그러므로 군자가 큰 것을 말하더라도 세상이 실을 수 없고, 작은 것을
말하더라도 세상이 깨뜨릴 수 없다.

번안 머리가 단순한 일반적인 남녀라도 이러한 도덕법칙을 알고 있
다. 그러나 그 가장 높은 수준에서는 비록 가장 총명하고 가장 성스
러운 사람일지라도 모르는 부분이 있다. 성품이 비천한 일반적인 남
녀라도 제한된 영역의 도덕법칙을 실천할 수 있다. 그러나 그것이 가
장 높은 수준에서는 비록 가장 총명하고 가장 성스러운 사람일지라
도 실천할 수 없는 부분이 있다.
크기가 마치 우주와 같고, 무한한 도덕적 본성을 소유한 사람일지라
도 영원히 만족하지 못한다. 왜냐하면 도덕적인 인간의 사상을 제외
하고는 그 무엇이건 세계보다 더 많은 것을 실을 수 있는지 상상하여
알 수 있는 방법이 없고, 도덕적인 인간의 사상을 제외하고는 그 무엇

이건 세계보다 더욱 작게 나눌 수 있는지 상상하여 알 수 있는 방법이 없기 때문이다.

해설 이 구절에 대한 주자의 주석이 의미심장하다. "도덕적 인간인 군자가 알고 따르고 지켜야 하는 길은 중용의 도리다. 이는 가까이는 부부가 함께 사는 방안에도 있다. 또 그것은 평범한 사람도 다 알고 행하는 도리다. 멀게는 성인이나 천지자연도 다 할 수 없는 도리다. 그 규모로 보면, 크기에서 더 이상의 밖이 없고, 작기에서 더 이상의 안이 없다. 즉 그 도는 극대(極大)이자 극소(極小)다. 일반적으로 평범한 사람이 알 수 있고, 또 행할 수 있는 것은 도의 일종이다. 그 다함에 이르러서는 성인도 전부 알지 못한다. 도의 전체를 두고 보면, 성인도 당연히 다하지 못하는 바가 있게 마련이다."

구훙밍은 칼라일의 말을 인용한다. "사람의 불행은 그의 위대함에서 온다. 왜냐하면 그의 몸에는 하나의 무한함이 있기 때문이다. 그가 행한 일이 얼마나 교묘하건 관계없이, 그 무한성은 유한성 아래에 꾹 눌러 둘 수 없다. 지금 유럽 어느 나라의 재무장관이나 가구를 파는 상인, 빵을 파는 점주들이 모두 힘을 합해 회사를 하나 차리는 것을 원한다고 한들, 신발을 닦는 장인의 삶을 행복하게 할 수 있는가? 그들은 신발 장인의 행복을 멋대로 디자인하거나 살 수는 없다. 왜냐하면 신발을 닦는 장인도 위장(胃腸)을 비롯한 오장육부가 있고, 그들과는 전혀 다른 영혼을 가지고 있기 때문이다. 당신이 이런 점을 고려하여, 그의 삶이 영원히 즐겁고 만족스럽게 여기도록 하려면, 오직 그를 위해 그 자신의 지분을 얻을 수 있도록 하면 된다. 그것은 많지도 적지도 않다. 하나님의 무한한 세계는 모두 각각의 개인에게 귀속될 것이다."

12-3

『詩』云: '鳶飛戾天, 魚躍于淵.' 言其上下察也.
君子之道, 造端乎夫婦, 及其至也, 察乎天地.

직역 『시경』에서 말했다. "솔개는 날아 하늘로 솟구쳐 올라가고, 물고기는 연못에서 뛰어 논다." 이 노래는 위로 아래로 이치가 밝게 드러남을 말한 것이다.
군자의 도는 단서가 부부(夫婦)에게서 시작되니, 그 지극함에 미쳐서는 천지(天地)에 밝게 드러난다.

번안 『시경』에서 말했다. "송골매가 위로 높이 날아오르고 물고기는 아래로 깊이 잠수한다." 이는 가장 높은 하늘 위에 있든지, 아니면 가장 깊은 연못 속에 있든지, 그 어디나 도덕법칙의 지배 가운데 있지 않는 곳이 없음을 말한다.
도덕법칙은 남자와 여자의 관계에서 시작된다. 그러나 그것의 가장 높은 상태는 우주자연의 고차원적 원칙을 지배한다.

해설 구흥밍은 설명한다. "내가 만약 아침의 날개를 펼쳐 우주의 끝에 날아가 그곳에 머문다면, 하나님이 그곳에 계실 것이다." 그리고 에머슨의 말을 인용한다. "도덕법칙은 자연의 한 가운데 있다. 아울러 주변으로 확산된다. 그것은 매개하는 물질을 통해, 매개 관계와 매개 과정의 핵심과 정수에 있다."
도덕은 자성(自性)에 근원한다. 독일 문학을 배우는 학생이라면, 파우스트(Faust)가 마가레트(Marguerite)에게 전한 다음과 같은 마음의 고

백을 기억할 것이다.

하늘은 위에서 천정을 이루지 않았는가?
땅은 아래에서 두텁고 견고한 덩어리를 이루지 않았는가?
영원한 별들이여
화목하게 반짝이며 올라가지 않았는가?
나는 나의 눈으로 너의 눈을 보고 있는 것이 아닌가?
만물은 가까이에 있지 않는가?
당신의 머리와 가슴
그들은 영원한 신비 가운데 있지 않고
형상이 있거나 형상이 없는 가운데 당신의 곁에서 어질어질한가?
당신의 마음이 아무리 넓어도 가득 채울 수 있으리,
만약 당신이 이러한 느낌 속에서 온전하게 흐뭇하고,
그렇다면 당신은 자기 뜻대로 그것에 대해 이름을 지을 수 있으리라,
그것을 행복이라고 부른다! 이는 마음이다! 이는 사랑이다! 이는 신
성이다!

제13장

13-1

子曰: "道不遠人, 人之爲道而遠人, 不可以爲道.
『詩』云: '伐柯伐柯! 其則不遠.'
執柯以伐柯, 睨而視之, 猶以爲遠. 故君子以人治人, 改而止."

직역 공자께서 말씀하셨다. "도(道)는 사람과 멀리 떨어져 있지 않으니, 사람이 행할 도(道)가 멀리 있다면 도라고 할 수 없다.
『시경』에 이르기를 '도끼자루를 잡고 도끼자루를 벰이여! 그 법이 멀리 있지 않다.'라고 했으니,
도끼자루를 잡고 도끼자루를 베면서도 비스듬히 보고 오히려 멀리 여긴다. 그러므로 군자는 사람의 도리로 사람을 다스리다가 잘못을 고치면 그친다.

번안 공자가 말했다. "도덕법칙은 인류의 현실적 삶에서 벗어날 수 없다. 사람들이 인류의 현실적 삶을 벗어난 것을 도덕법칙이라고 생각할 때, 그것은 결코 도덕법칙이 아니다."
『시경』에서 말했다. '찍어라 도끼자루를 찍어라. 그 방식은 멀리 있지 않다.'
그러므로 우리가 손에 한 자루의 도끼를 쥐고 다른 한 자루의 도끼

자루를 베기 위해 나무를 찍어낼 때, 그리고 하나에서 다른 하나를 살펴고 관찰할 때, 그들 사이의 거리는, 마치 도덕법칙에 의거하여 살아가는, 인간 자신의 삶에 비교하는 것과 같다. 때문에 도덕적인 인간은 대중을 상대할 때, 보편적인 인류의 본질에 근거하여 그들의 생활 양식을 바꾼다. 이와 같이 살아가는 데 최선을 다할 뿐이다.

해설 인간의 삶은 원칙적으로 모든 사람이 알고 또 행할 수 있는 것을 요구해야 한다. 삶으로부터 멀리 떨어져 있는, 직접적·간접적 연관이 없는 사안을 생활의 방식으로 삼으라고 강요해서는 곤란하다. 장횡거(張橫渠)가 『정몽(正蒙)』에서 언급했듯이, "일반 대중의 도리를 가지고 사람들에게 요구하면 쉽게 풀린다."

구홍밍은 말한다. "하나님의 왕국은 당신의 마음속에 있다." 괴테가 말했다. "이상적인 것은 당위적 현실 속에서 멀리 떨어져 있지 않다."

忠恕違道不遠, 施諸己而不願, 亦勿施於人.

君子之道四, 丘未能一焉. 所求乎子以事父, 未能也; 所求乎臣
以事君, 未能也. 所求乎弟以事兄, 未能也. 所求乎朋友先施之,
未能也.

庸德之行, 庸言之謹, 有所不足, 不敢不勉, 有餘不敢盡, 言顧
行, 行顧言. 君子胡不慥慥爾.

직역 충서(忠恕)는 도(道)와 거리가 멀지 않으니, 자기 몸에 베풀어 보
아 원하지 않는 것을 또한 남에게 베풀지 말라.

군자의 도(道)가 네 가지인데, 나는 그중에 한 가지도 능하지 못하다.
자식에게 바라는 것으로 부모 섬기기를 잘하지 못하며, 신하에게 바
라는 것으로 군주 섬기기를 잘하지 못하며, 아우에게 바라는 것으로
형 섬기기를 잘하지 못하며, 친구에게 바라는 것으로 내가 먼저 베풀
기를 잘하지 못한다.

떳떳한 덕(德)을 행하며, 떳떳한 말을 삼가서, 모자라는 것이 있으면
감히 힘쓰지 않을 수 없고, 남는 것이 있으면 감히 다하지 못하여, 말
은 행실을 돌아보고 행실은 말을 돌아보아야 한다. 군자가 어찌 독실
하지 않을 수 있겠는가.

번안 어떤 사람이 자신의 책임을 다하고, 서로 은혜를 베푸는 원칙을
실천할 때, 그는 도덕법칙과 멀리 있지 않다. 그는 다른 사람이 그를
위해 일하기를 바라지 않으며, 다른 사람에게 그를 위해 일하지 말도
록 한다.

인간의 도덕적인 삶 속에는 네 가지 일이 있다. 나는 삶 속에서 하나도 실천하지 못했다. 나의 아들이 나를 돌보기를 희망했던 것처럼 나의 아버지를 보살펴야 했다. 그러나 나는 실천하지 못했다. 나의 아랫사람들이 나를 위해 일하기를 희망했던 것처럼 나는 군주를 위해 일해야 했다. 그러나 나는 실천하지 못했다. 나의 동생이 나를 대하기를 희망했던 것처럼 나의 형을 대해야 했다. 그러나 나는 실천하지 못했다. 나의 벗이 나를 그렇게 대하기를 희망했던 것처럼 내가 먼저 친구를 그렇게 대해야 했다. 그러나 나는 실천하지 못했다.

일상생활 가운데 맡은 일을 수행하거나 사람들과 대화를 나눌 때, 매번 결점이 있더라도 그것이 당신이 앞으로 나아가는 것을 저지하는 지경에 이르지는 않을 것이다. 또 당신이 아주 많은 말을 해야 할 때, 그 말은 반드시 해야 할 말보다 적어야 한다. 말을 할 때는 행동할 것을 고려하고, 행동할 때는 또 말할 것을 고려해야 한다. 그래야 바로 완벽하게, 진정어린, 전혀 허위가 없는 도덕적 인간의 성격을 그려낸 것이 아닐까?"

해설 이 구절에서 '충서(忠恕)'는 일종의 절대 화두(話頭)다. '충서(忠恕)'는 『논어』에서 공자가 평생을 일관한 인생의 좌우명처럼 묘사된다. 주자의 의하면, "충(忠)은 자기의 마음으로 정성을 다하는 일이고[盡己之心爲忠], 서(恕)는 자기를 미루어 남에게 미치는 일이다[推己及人爲恕]." 자신의 마음으로 타인의 마음을 헤아리면, 피차 서로 마음이 같지 않은 게 없다. 그러므로 인간의 길이 사람 사이에서 멀지 않음을 알 수 있다. 상식과 상통한다. 그러므로 내가 원하지 않는 일을 남에게 시키지 않아야 한다.

구흥밍은 에머슨의 말을 인용하여 다음과 같이 말했다. "나는 성실하고 성심을 다하는, 소박하고 어린아이와 같은 미덕을, 품격 가운데, 모든 고상한 품격의 뿌리로 본다. 말한 바가 당신이 생각한 것과 같고, 진실한 자신을 표현하여 모두에게 진 빚을 청산한다. 그것이 의무다. 우주 가운데 모든 것의 본질, 그 명예와 비교해 볼 때, 나는 믿을 만함 사람으로, 빚 갚을 능력이 있는 사람으로 인정받기를 원한다."

▶ 제14장

君子素其位而行, 不願乎其外.
素富貴, 行乎富貴; 素貧賤, 行乎貧賤; 素夷狄, 行乎夷狄; 素患
難, 行乎患難. 君子無入而不自得焉.
在上位, 不陵下; 在下位, 不援上. 正己而不求於人, 則無怨; 上
不怨天, 下不尤人.
故君子, 居易以俟命; 小人, 行險以徼幸.
子曰: "射有似乎君子, 失諸正鵠, 反求諸其身."

직역 군자는 현재의 위치에 따라 행하고, 그 밖의 것을 바라지 않는다.
부귀(富貴)에 처해서는 부귀한 대로 행하고, 빈천(貧賤)에 처해서는 빈
천한 대로 행하며, 이적(夷狄: 오랑캐)에 처해서는 이적과 함께 행하며,
환난(患難)에 처해서는 환난에 대처하며 산다. 군자는 들어가는 곳마
다 스스로 만족하지 않음이 없다.

윗자리에 있으면 아랫사람을 능멸하지 않으며, 아랫자리에 있으면
윗사람을 잡아당기지 않는다. 자기 몸을 바르게 하고 남에게 요구하
지 않으면, 원망하는 이가 없을 것이니, 위로는 하늘을 원망하지 않
고, 아래로는 사람을 원망하지 않는다.

그러므로 군자는 평이함에 처하여 천명(天命)을 기다리고, 소인은 위
험한 것을 행하고 요행을 바란다.

공자께서 말씀하셨다. "활쏘기는 군자의 자세와 같음이 있으니, 정곡

(正鵠)을 잃으면 자신에게 돌이켜 찾는다."

번안 도덕적인 인간은 언제나 자신과 그의 생활환경이 서로 조화를 이루도록 한다. 그는 자신이 처한 환경을 벗어난 어떠한 것도 요구하지 않는다.

자신이 부유하고 명예로운 환경에 처해 있는 것을 발견하면, 그는 곧 부유함과 명예로운 환경 속에서 살았던 사람으로서 살아간다. 자신이 빈곤과 미천한 환경에 처해 있는 것을 발견하면, 그는 곧 빈곤함과 미천한 환경 속에 살았던 사람으로서 살아간다. 자신이 미개한 나라에서 살고 있는 것을 발견하면, 그는 곧 미개한 나라에 살았던 사람으로서 살아간다. 자신이 위험과 어려운 환경 속에 있는 것을 발견하면, 그는 곧 이 환경에서 요구하는 그대로 살아간다. 한마디로 말하면, 도덕적인 인간은 어떠한 환경에 처해도 자기가 주인이 된다.

몸이 높은 지위에 처하면 그는 아랫사람을 능멸하지 않는다. 몸이 낮은 지위에 처하면 그는 윗사람에게 아부하거나 도움을 구하지 않는다. 그는 자신의 언행을 규범화하여 다른 사람에게 기대고 구하지 않는다. 그러므로 그는 원망함이 없다. 이미 하나님을 원망하지 않고 또 세상 사람들을 원망하지 않는다.

그러므로 도덕적인 인간은 안전하고 조용한 삶을 살아가면서 하나님의 명을 기다린다. 그러나 저속한 사람은 위험한 길을 걷기를 좋아하고 불확실한 행운이 오기를 바란다.

공자가 말했다. "활쏘기 연습을 하는 것은 도덕적인 인간의 생활원칙과 비슷하다. 활을 쏘는 자가 표적을 맞히지 못했을 때는 자신의 부족한 점을 반성하여 찾는다."

해설 이 14장은 마지막 구절을 제외하고 자사(子思)의 말이라고 한다. 군자, 오늘날로 본다면 지도급 인사는 어떤 경우에도 중용의 도리를 지켜야 함을 강조했다.

지도자는 현재의 위치와 처지에 맞게 행동해야 한다. 부귀(富貴), 빈천(貧賤), 거처(居處), 불행(不幸), 환란(患亂) 등 어떤 삶에 처해도 중용의 도리를 지키고 실천해야 한다. 그것은 일상에서 자신을 바르게 하는 길로 인도한다. 지도급 인사는 일상의 평범한 도리를 지키면서 하늘의 목소리를 기다린다. 그러나 소인배들은 험악한 짓거리를 일삼고 열심히 일하지도 않으면서 요행을 바란다. 정당하지 않은 사사로운 꾀를 쓰고, 위태로운 길을 가면서 임시로 변통하는 데 급급하다. 상식이 없다. 참 답답하다.

하지만 지도급 인물은 자신이 저지른 모든 일에 대해 자기가 책임지려는 자세를 갖는다.

▶ 제15장

君子之道, 辟如行遠必自邇, 辟如登高必自卑.
『詩』曰: "妻子好合, 如鼓瑟琴. 兄弟旣翕, 和樂且耽. 宜爾室家,
樂爾妻帑."
子曰: "父母其順矣乎?"

직역 군자의 도는 비유하면 먼 곳을 가려면 반드시 가까운 데서 시작
하며, 높은 곳에 오르려면 반드시 낮은 데서 시작함과 같다.
『시경』에서 말했다. "처와 자식들이 사랑하고 화합함이 금슬(琴瑟)을
타는 듯하며, 형제 사이에 이미 화합하여 화락(和樂)하고 또 즐겁도
다. 그대의 집안이 화목하며 그대의 처와 자식들도 즐거워 하노라."
공자께서 말씀하셨다. "그 부모가 편안할 것이다."

번안 인간의 도덕적인 삶은 먼 길을 가는 여정에 비유할 수 있다. 긴
여정은 반드시 가장 가까운 곳에서 출발해야 한다. 마찬가지로 높은
곳에 오르는 것에 비유할 수 있다. 높은 곳에 오르기 위해서는 반드시
가장 낮은 단계에서 시작해야 한다. 인생의 여정도 이와 같다.
『시경』에서 말했다. "마땅히 처자식과 조화롭게 일치하면, 금슬이 아
름답게 합주하는 것과 같네. 마땅히 형제와 서로 화목하게 사이좋게
지내면, 조화로운 선율이 장차 영원히 그치지 않네. 집안에 기쁨과 즐거
움이 가득하다면, 처자식과 집안사람들에게 장차 즐거움을 가져오네."

공자가 위의 시구를 평론하여 말했다. "이러한 상태에서 부모의 마음을 더 편안하게 할 것이 무엇이 있겠는가?"

해설 이 장에 나오는 시는 『시경』「소아」 '상체(常棣)'의 구절이다. '상체'는 형제(자매)가 잔치할 때 부른 노래라고 하는데, 형제(자매)의 우애를 강조하였다. 즉 도덕적 인간의 길을 확립하는 기초가, 형제자매와 부모 사이의 가족애에 근원하여 사회로 확대 지향하는 양상임을 가정할 수 있다. 시의 전문은 다음과 같다.

아가위[常棣]
아가위 꽃은 꽃송이가 울긋불긋하네
모든 사람들 가운데 형제보다 더한 이는 없지
죽고 장사지내는 두려운 일에는 형제를 가장 먼저 생각하게 되고
들판과 진펄에 나가서도 형제를 서로 찾게 되네
할미새가 들에서 호들갑을 떨듯 다급하고 어려울적엔 형제가 서로 돕네
좋은 벗 있다 해도, 그저 긴 탄식이나 해줄 뿐이네
형제가 집안에서 다툰다 해도, 밖으로부터 침해가 있으면 함께 대적하네
좋은 벗 있다 해도 서로 돕진 못하는 것
장례 마치고 어려운 일 정돈되어 편안해진 뒤에야
형제가 있다 해도 벗만 못하게 되지
성찬을 벌여놓고 배부르게 먹고 마실 때
형제가 다 있어야만 오래도록 화락할 수 있다네
처와 자식들이 사랑하고 화합함이 금슬을 타는 듯하며
형제가 다 있어야만 언제까지나 화락할 수 있다네

그대의 집안이 화목하며 그대의 처와 자식들도 즐겁게 하며
그 일만을 궁리하고 꾀하면, 정말 그렇게 될 것이네

구훙밍은 제15장에서 16장으로 넘어갈 때 엄청난 모험을 감행한다. 즉 아래에 16장을 배치되는 것이 원칙인데, 글의 순서를 바꾸어 제20장을 위로 올려 내용을 연결시켰다.

▶ 제16장

16-1

哀公問政.

子曰: "文武之政, 布在方策, 其人存則其政擧, 其人亡則其政息.

人道敏政, 地道敏樹. 夫政也者, 蒲盧也.

故爲政在人, 取人以身, 修身以道, 脩道以仁.

仁者, 人也, 親親爲大. 義者, 宜也, 尊賢爲大. 親親之殺, 尊賢之等, 禮所生也. 在下位 不獲乎上, 民不可得而治矣.

故君子不可以不脩身. 思脩身, 不可以不事親. 思事親, 不可以不知人. 思知人, 不可以不知天.

직역 애공(哀公)이 정사에 대해 물었다.

공자께서 말씀하셨다. "문왕(文王)·무왕(武王)의 정사가 전적에 기록되어 있으니, 그러한 사람이 있으면 그러한 정사가 행해지고, 그러한 사람이 없으면 그러한 정사가 그칩니다.

사람의 도(道)는 정사에 빠르게 나타나고, 땅의 도는 나무에 빠르게 나타납니다. 정사의 신속한 효험은 쉽게 자라는 갈대와 같습니다.

그러므로 정사를 함이 사람에게 달려 있으니, 사람을 취하되 몸으로 하고, 몸을 닦되 도(道)로 하고, 도를 닦되 인(仁)으로 해야 합니다.

인(仁)은 사람이니, 친척을 친애함이 큽니다. 의(義)는 마땅함이니, 어진 이를 높임이 큽니다. 친척을 친애함에 차등이 있고 어진 이를 높임에 등급이 있는 것이 예(禮)가 생겨난 이유입니다. 아래 지위에 있으면서 윗사람에게 신임을 얻지 못하면 백성을 다스리지 못할 것입니다. 그러므로 군자는 몸을 닦지 않을 수 없습니다. 몸을 닦을 것을 생각한다면 부모를 섬기지 않을 수 없습니다. 부모를 섬길 것을 생각한다면 사람을 알지 않을 수 없습니다. 사람을 알 것을 생각한다면 하늘의 이치를 알지 않을 수 없습니다.

번안 공자 고국의 통치자인 애공이 무엇이야말로 좋은 통치인지를 물었다.

공자가 대답했다. "주나라 문왕과 무왕의 훌륭한 통치 원칙이다. 지금 남아 있는 기록 가운데 풍부하게 설명되어 있다. 그분들이 살아게실 때는 훌륭한 통치로 인해 나라가 매우 번영했고, 그분들이 돌아가시니 훌륭한 통치는 쇠락하여 끝내 흔적조차 사라졌다.

훌륭한 정치를 하는 적임자가 있을 때는 아름다운 통치로 인하여 나라가 발전하는 속도가 마치 비옥한 땅에서 식물이 자라는 것과 같았다. 실제로, 좋은 통치는 식물이 신속하게 성장하는 것과 같다. 그러므로 통치가 잘되었는지는 사람에게 달려 있다. 적임자는 통치자의 개인 품성을 통하여 얻어진다. 한 개인의 품성을 규범화하려면, 통치자 한사람이 반드시 도덕법칙을 사용해야 한다. 도덕법칙을 규범화하려면, 그 통치자가 반드시 도덕 감정을 사용해야 한다.

도덕 감정은 사람의 전형적 속성이다. 자신과 관계가 가까운 사람들과 더불어 자연스러운 정감을 느낄 수 있다면, 그것은 바로 도덕 감정의 가장 높은 표현이다. 정의는 정확한 것과 적절한 것을 가리는 작업을 의미한다. 자신보다 더욱 도덕적인 사람을 존경하면 그것이 바로 정의의 가장 높은 표현이다. 자신과 관계가 가까운 사람들을 대함에 마땅히 그들과의 관계 정도를 알아야 한다. 자신보다 더욱 도덕적인 사람을 대할 때, 마땅히 그를 존경하는 등급으로 대우하여 높인다면, 이러한 것들이 바로 사회생활의 형태와 특성을 구성한다. 사회적 불평등은 진실한 도덕을 기반으로 이루어져야 한다. 그렇지 않으면 백성을 통치하는 일은 불가능할 것이다.

그러므로 통치계급의 일원이라면 자신의 언행과 품성을 조정해야 한다. 그리고 어떻게 자신의 언행과 품성을 조정할 것인가를 생각해야 하며, 그는 자신과 친밀한 관계에 있는 사람들에 대해 의무를 이행해야 한다. 또한 어떻게 자신과 친밀한 관계에 있는 사람들에 대해 의무를 이행할 것인가를 생각해야 하며, 그는 인간사회의 본질과 구성에 대해 알아야 한다. 나아가 어떻게 인간사회의 본질과 구성을 이해할 것인가를 생각해야 하며, 그는 하나님의 율법을 알아야 한다.

해설 구훙밍은 중국 전통 주석가들의 해석을 그대로 따르지 않고 자유롭게 번역 작업을 진행해 나갔다. 이 장의 번안도 마찬가지다. 이 글의 경우, 공자가 서술한 사회적 불평등은 두 가지 도덕 기반에 근거한다. '도덕 감정'과 '자연적 감정'이다. 그 최고 표현은 모든 사람들이 그들과 관계 맺는 친밀한 사람에 대한 사랑과 정의감을 통해 드러나는데, 가장 높은 수준의 언표는 영웅을 숭배하는 데 있다. 모든 사람들이, 자신보다 더욱 도덕적인 사람에 대한 존경과 공손함을 드러내는 것이다. 가정에서 자연스럽게 감정이 공손해지는 것은 매우 쉽다. 한 나라에서 영웅숭배는 자연적 감정과 적절하게 녹아들어 사회에 귀속되도록 해야 한다.

그러나 유럽에서는 다르다. 사회 불평등을 위해, 사람들이 핑계대거나 변명하는 근거는 '이익'이다. 사람들에게 알려져 있는 것은, 이미 세워진 권위와 사회적 불평등에 복종하는 일이다. 그들의 이익이 그렇게 되도록 만들어졌기 때문이다. 왜냐하면 그들이, 만약 무정부주의자들이 자기들의 주장을 펼치도록 하여 사회적 불평등을 파괴하는 것을 허락한다면, 이로부터 발생하는 불행은 장차 사회 불평등으로 인하여 생겨난 불행보다 더욱 심할 것이기 때문이다.

중국에서 농민과 중노동을 하는 사람들이, 중국 청나라 관리들에게 복종하는 것은, 그들이 교육을 통해 특권적인 도덕적 기초를 확보했기 때문이다. 품성이나 지위가 높으면 임무가 그만큼 무겁다. 그러나 청나라 관리들이 중국의 농민들과 중노동을 하는 사람들보다 훌륭한 품성을 갖추지 못했다는 사실을 인지했을 때, 청나라 관리들은 불행을 만나게 될 것이다.

마지막 구절에 등장하는 '군자(君子)'는 '신사(紳士)의 사회적 지위'를 말한 것이다. 그리고 '지인(知人)'이라는 단어는 '사람'을 말한 것이 아니다. 오히려 '하늘'을 가리킨다. 즉 천직(天職)을 말한다. 상대적으로 이해하면, 인류사회와 조직을 지칭한 것이다.

16-2

天下之達道五, 所以行之者三, 曰君臣也‧父子也‧夫婦也‧昆弟
也‧朋友之交也. 五者, 天下之達道也. 知‧仁‧勇三者, 天下之達
德也. 所以行之者一也.
或生而知之, 或學而知之, 或困而知之, 及其知之, 一也. 或安而
行之, 或利而行之, 或勉强而行之, 及其成功, 一也."
子曰: 好學近乎知, 力行近乎仁, 知恥近乎勇.
知斯三者, 則知所以脩身; 知所以脩身, 則知所以治人; 知所以
治人, 則知所以治天下國家矣.

직역 세상의 공통된 도리가 다섯인데 이를 행하는 것은 세 가지이니,
임금과 신하, 부모와 자식, 남편과 아내, 형과 아우, 친구 사이의 사귐
입니다. 이 다섯 가지는 세상의 공통된 도리입니다. 지(智)‧인(仁)‧용
(勇) 세 가지는 세상의 공통된 덕성입니다. 이것을 행하는 근거는 하나
입니다.

혹은 태어나서 이것을 알고, 혹은 배워서 이것을 알고, 혹은 애를 써
서 이것을 아는데, 그 앎에 미쳐서는 똑같습니다. 혹은 편안히 이것을
행하고, 혹은 이롭게 여겨 이것을 행하고, 혹은 억지로 힘써 이것을 행
하는데, 그 공을 이루는 데서는 똑같습니다."

공자께서 말씀하셨다. "학문(學問)을 좋아함은 지(智)에 가깝고, 힘써
행함은 인(仁)에 가깝고, 부끄러움을 앎은 용(勇)에 가깝다.

이 세 가지를 알면 몸을 닦는 바를 알고, 몸을 닦는 바를 알면 남을
다스리는 바를 알며, 남을 다스리는 바를 알면 천하(天下)와 국가(國
家)를 다스리는 바를 알 것이다.

번안 다섯 가지 보편적 의무가 있다. 이에 상응하는 세 가지 실행에 기댈만한 도덕적 품성이 있다. 그 의무는 군신·부자·부부·형제 그리고 벗과의 교제에 있다. 이것이 다섯 가지 보편적 의무다. 지혜와 도덕적 품성, 그리고 용기, 이것이 세상 사람들이 모두 공통으로 인정하는 세 가지 도덕적 품성이다. 사람들이 어떠한 방식으로 이러한 도덕적 품성을 실천하든지, 결과는 단지 하나인데, 때로는 서로 같다고 말한다.

어떤 사람들은 태어나면서 이러한 도덕적 품성의 지식을 소유하였다. 어떤 사람들은 교육을 통해 획득하였다. 어떤 사람들은 어려움을 겪고 나서야 획득할 수 있다. 그러나 사람들이 이러한 지식을 얻은 이후에는 곧 같은 결과를 얻는다. 어떤 사람들이 이러한 도덕적 품성을 실천하는 것은 자연스럽고 태연하지만, 어떤 사람들은 자신에게 이익이 되어야만 실행한다. 또 어떤 사람들은 노력을 거쳐서 어렵게 실행한다. 그러나 그것을 이루었을 때는 동일하거나 비슷한 결과를 가져다준다."

공자가 이어서 말했다. "지식에 대한 사랑은 큰 지혜가 있는 사람의 특징이다. 번거로운 일이나 어려움을 물리치지 않고, 자신의 주체적 언행에 힘쓰는 것이 곧 도덕적인 사람의 특징이다. 수치스러운 일에 민감하면, 이는 용기가 있거나 영웅적인 사람의 특징이다.

어떤 사람이 세 가지 도덕적 품성의 본질과 응용을 알았다면, 그는 곧 어떻게 자신의 언행과 성격을 규범화 할 것인지를 알게 된다. 그가 자신의 언행과 성품을 어떻게 규범화 하는지를 알았다면, 그는 곧 어떻게 다른 사람을 관리하는지를 알게 된다. 그리고 어떻게 다른 사람을 관리해야 하는지를 알게 되었다면, 그는 곧 어떻게 한 민족과 제국을 통치하는지를 알게 된다.

해설 이 구절에서 처음으로 유교 윤리와 도덕의 기초인 오달도(五達道)·삼달덕(三達德)이 등장한다. 오달도[다섯 가지 보편적인 도리]는 경전의 형성과 지향에 따라 약간씩 차이가 있기는 하지만, 『서경(書經)』 「요전(堯典)」에서 말하는 '오전(五典)'이나 정현(鄭玄)의 오교(五敎: 父義·母慈·兄友·弟恭·子孝), 그리고 『맹자』에서 언급하는 오상(五常)과 상통한다. 이 다섯 가지 공통된 도리는 '부자유친(父子有親)', '군신유의(君臣有義)', '부부유별(夫婦有別)', '장유유서(長幼有序)', '붕우유신(朋友有信)'의 오륜(五倫)으로 확립된다.

삼달덕[세 가지 공통되는 덕행]은 그 유명한 '지(知)·인(仁)·용(勇)'이다. 주자에 의하면, '지'는 오달도를 알고 실천하는 바탕이다. '인'은 오달도를 체득하고 몸으로 실천하는 바탕이다. '용'은 오달도를 힘차게 실행하는 바탕이다. 이 세 가지를 보편적 덕행이라고 하는 것은 세상 사람들 누구나 어디서건 경험을 통해 얻은 이치이기 때문이다.

때문에 삼달덕을 바탕으로 오달도를 행해야 한다. 그것은 일관성을 지니는 윤리도덕 실천의 법칙이다.

『중용비지(中庸備旨)』에 의하면, 오달도의 윤리가 삼달덕을 바탕으로 실행될 때, 어디까지나 진실하고 사사로운 욕심이 개입하지 않아야 한다. 그래야만 '지(知)'가 진실하고 실제적인 '실지(實知)'가 되고, '인(仁)'도 진실하고 실제적인 '실인(實仁)'이 되며, '용(勇)'도 진실하고 실제적인 '실용(實勇)'이 된다. '실지'의 정황으로 나아가야 바르게 알게 되고, '실인'의 상황으로 나아가야 온몸으로 행하며, '실용'의 자강(自强)으로 무장될 때 강력한 실천을 전개할 수 있다.

凡爲天下國家有九經, 曰: 脩身也, 尊賢也, 親親也, 敬大臣也, 體群臣也, 子庶民也, 來百工也, 柔遠人也, 懷諸侯也.

脩身則道立, 尊賢則不惑, 親親則諸父昆弟不怨, 敬大臣則不眩, 體群臣則士之報禮重, 子庶民則百姓勸, 來百工則財用足, 柔遠人則四方歸之, 懷諸侯則天下畏之.

齊明盛服, 非禮不動, 所以脩身也. 去讒遠色, 賤貨而貴德, 所以勸賢也. 尊其位, 重其祿, 同其好惡, 所以勸親親也. 官盛任使, 所以勸大臣也. 忠信重祿, 所以勸士也. 時使薄斂, 所以勸百姓也. 日省月試, 旣稟稱事, 所以勸百工也. 送往迎來, 嘉善而矜不能, 所以柔遠人也. 繼絶世, 擧廢國, 治亂持危, 朝聘以時, 厚往而薄來, 所以懷諸侯也.

凡爲天下國家 有九經, 所以行之者一也. 凡事 豫則立, 不豫則廢. 言前定則不跲, 事前定則不困, 行前定則不疚, 道前定則不窮.

직역 무릇 천하(天下)와 국가(國家)를 다스림에 구경(九經: 아홉 가지 떳떳한 법)이 있으니, 몸을 닦음과 어진 이를 높임과 친척을 친애함과 대신(大臣)을 공경함과 신하들의 마음을 살피고 구휼함과 백성을 자식처럼 사랑함과 백공(百工)을 오게 함과 먼 지방의 사람을 회유(懷柔)함과 제후(諸侯)들을 품는 일이다.

몸을 닦으면 도(道)가 확립되고, 어진 이를 높이면 의혹되지 않고, 친척을 친애하면 제부(諸父)와 형제들이 원망하지 않고, 대신을 공경하면 혼란하지 않고, 신하의 마음을 살피고 구휼하면 사(士)가 예를 갖춰 보답하고, 백성을 사랑하면 백성이 권면하고, 백공을 오게 하면 재정이 풍족해지고, 먼 지방의 사람을 회유하면 사방이 돌아오고, 제후들을 품으면 천하가 두려워한다.

재계(齊戒)하고 깨끗이 하며 성복(盛服)을 하여 예(禮)가 아니면 움직이지 않음은 몸을 닦는 일이다. 참소하는 이를 제거하고 여색(女色)을 멀리 하며, 재물을 천하게 여기고 덕성을 귀하게 여김은 어진 이를 권면하는 일이다. 그 지위를 높여 주고 녹봉을 많이 주며 좋아함과 싫어함을 함께 함은 친척을 친애함을 권면하는 일이다. 관속(官屬)을 많이 두어 부릴 사람을 마음대로 맡기게 함은 대신을 권면하는 일이다. 충신(忠信)으로 대하고 녹봉을 많이 줌은 선비들을 권면하는 일이다. 철에 따라 부역을 시키고 세금을 적게 거둠은 백성들을 권면하는 일이다. 날로 살펴보고 달로 시험하여 창고에서 녹봉을 주기를 일에 맞추어 함은 백공을 권면하는 일이다. 가는 이를 전송하고 오는 이를 맞이하며, 잘하는 이를 가상히 여기고 능숙하지 못한 이를 가엾게 여김은 먼 지방 사람을 회유하는 일이다. 끊긴 대(代)를 이어주고 폐지된 나라를 일으켜 주며, 혼란한 나라를 다스려 주고 위태로운 나라를 붙들어 주며, 조회(朝會)와 빙문(聘問)을 때에 따라 하고, 가는 것을 후(厚)하게 하고 오는 것을 박(薄)하게 함은 제후(諸侯)들을 품는 일이다.

무릇 천하와 국가를 다스림에 구경(九經)이 있으니, 이를 실천하는 것은 하나이다. 모든 일은 미리 하면 이루어지고, 미리 하지 않으면 이루어지지 않는다. 말을 미리 정하면 차질이 없고, 일을 미리 정하면 곤궁하지 않고, 행동을 미리 정하면 결함이 없고, 도(道)를 미리 정하면 궁색하지 않다.

번안 국가 통치에 참여하려는 모든 사람들은 아래의 아홉 가지 기본 원칙에 유의해야 할 것이다.

첫째, 자신의 언행과 행위를 규범화한다. 둘째, 도덕적 품성이 고상한 사람을 존중한다. 셋째, 가까운 사람과의 감정을 소중히 여긴다. 아울러 그들에게 의무를 이행한다. 넷째, 신분이 높은 조정의 관리에게 공경의 뜻을 표현한다. 다섯째, 자신과 모든 공무원들의 이익과 복지가 일치하도록 해야 한다. 여섯째, 일반 국민을 부모와 자식을 대하듯이 한다. 일곱째, 실용적인 기술과 재주를 들여오는 것을 격려한다. 여덟째, 친절하고 인자하게 먼 나라에서 온 낯선 사람을 대한다. 아홉째, 제국과 제후들의 복지에 관심을 가진다.

통치자가 자신의 언행에 유의했다면, 도덕법칙은 존중받을 것이다. 통치자가 도덕적 품성이 높은 사람을 높이면, 그는 결코 기만당하지 않을 것이다. 통치자가 그와 가까운 사람들과의 감정을 소중히 여긴다면, 그의 가문 구성원들은 불만이 없을 것이다. 통치자가 높은 지위에 있는 공과 경과 같은 대신들을 존중한다면, 그들은 잘못을 저지르지 않을 것이다. 통치자가 자신을 위한 복지를 전체 공무원의 이익과 복지와 일치시킨다면, 신사들 가운데 강한 충성심을 불러일으킬 것이다. 통치자가 일반 국민의 부모가 되면, 국민은 곧 국가의 이익을 위해 온 힘을 다할 것이다. 통치자가 여러 가지 실용적인 기술과 재주를 끌어들인다면, 국가의 재화를 넉넉하게 확보할 수 있을 것이다. 통치자가 먼 나라에서 온 낯선 사람들을 친절하고 인자하게 대한다면, 세상의 곳곳에서 사람들이 모여 이 나라에 몰려올 것이다. 통치자가 제후국의 복지에 관심을 가진다면, 전 세계 사람들이 권위를 경외하고 존중하는 마음을 가질 것이다.

그의 몸을 청결하게 하고 순수하고 깨끗하게 하여, 복장의 규범화와 고귀함에 유의한다면, 그리고 모든 말과 행위가 좋은 성품과 체면에 위배되지 않는다면, 이것이 바로 통치자가 개인의 언행을 규범화하는 방법이다.

아첨하는 자를 내쫓고 개념 없는 여성들을 멀리하라. 세속의 재물을 점유하려는 마음을 가볍게 여기라. 그리고 사람이 내면에 지닌 도덕적 품성을 중시하라. 이것이 바로 통치자가 도덕적 품성이 있는 사람을 격려하는 것이다.

그들에게 숭고한 지위와 명예를 주고 그들에게 풍성한 보수를 주라. 아울러 그들의 취향과 관점을 공유하라. 이것이 바로 통치자가 그 가문의 사람들에게 사랑하는 마음을 불러일으키는 방식이다.

그들의 직책을 이어서 펼치게 하고 아울러 그들이 아랫사람을 가리고 선발할 때 자기 판단에 근거할 수 있도록 허용하라. 이것이 바로 통치자가 지위가 높은 조정의 공(公)과 경(卿)들을 격려하는 것이다.

충성하고 또 정확한 시간에 그들에게 약속한 것을 시행하며 많은 수고비를 주라. 이것이 바로 통치자가 공무원들을 격려하는 방식이다.

엄격하게 제한하여 근무시간을 정하고, 될 수 있는 한 그들에게서 세금을 적게 걷는다. 이것이 바로 통치자가 국민과 대중들을 격려하는 방식이다.

매일 검사하고 매달 시험을 칠 것을 명령함으로써 그들의 재주와 수준에 따라 보수를 주라. 이것이 바로 통치자가 기술자 계층을 격려하는 방식이다.

그들이 올 때는 환영해 주고 그들이 떠날 때는 안전하게 보호해 주라. 그들의 성격 가운데 좋은 것은 칭찬해 주고 그들의 무지함은 이해해 주라. 이것이 바로 통치자가 먼 나라에서 온 낯선 사람들을 친절하고 인자하게 대하는 방식이다.

이미 끊어지고 파괴된 전통들을 복구하고 멸망한 나라는 일으켜 세우며, 어떠한 곳에서건 무정부주의적 혼란 상태가 일어나면 제지하고 약자를 받쳐주고 강자에게 대항한다. 그들이 조정에 출석하거나 그들의 사신이 조정에 출석할 시간을 정해 놓는다. 그들이 떠날 때는 그들에게 예물을 가득 싣고 돌아가도록 한다. 그들이 와서 공물을 바칠 때는 그들에게 아주 적은 최소한의 공물을 요구한다. 이것이 바로 통치자가 제후들의 이익을 보호해 주는 방식이다.

국가와 제국의 통치에 참여하려는 모든 사람들은 마땅히 위에서 말한 아홉 가지 기본 원칙에 주의해야 한다. 그리고 그것을 실천하는 방식은 오직 하나다. 어떠한 상황에서라도 사전에 미리 준비하는 것이 성공하는 비결이다. 사전에 미리 준비하지 않으면 언제나 실패를 맞이하게 된다. 할 말이 있다면, 사전에 미리 무엇을 말할지를 분명히 해야 한다. 그러면 곧 말실수를 하지 않게 된다. 할 일이 있다면, 사전에 미리 무엇을 할지를 분명히 해야 한다. 그렇게 되면 일을 시행할 때 어려움에 봉착하지 않게 된다. 당신의 행위가 미리 사전에 분명히 준비된 것이라면, 당신은 어려움이 없을 것이다. 일반 원칙을 사전에 분명히 정한다면, 무엇을 해야 하는지 혼란을 겪지 않을 것이다.

해설 이 단락의 핵심어는 '구경(九經)'이다. '구경'은 국가를 다스릴 때 도덕적 품성인 인덕(仁德)을 기초로 하는 정치의 구현 방식이다. 유학에서는 만고불변(萬古不變)의 전법(典法)이라고 할 정도로 중시하는 원칙이다. 구경에 의거한 정치를 일반적으로 '왕도(王道)', 또는 '덕치(德

治)'라고 한다. 군주(君主)시대와 민주(民主)시대의 통치방식은 여러 측면에서 차이가 있겠지만, '구경'의 효과 가운데 정치원리 차원에서 고려할 부분도 상당하다.

첫째, '수신(修身)'이다. 최고지도자는 끊임없이 자신을 성숙시켜나가는 수신을 해야 한다. 수신을 해야 그 사회의 윤리·도덕이 바로 선다. 이때의 도덕은 앞에서 언급한 '오달도'로, 유학의 오륜(五倫·五常)이다.

둘째, '존현(尊賢)'이다. 최고지도자는 현명한 스승을 모시고 자신의 학덕을 높여야 한다. 또한 도의를 갖춘 벗과 사귀면서 연구하고 서로 격려하고 충고해야 한다. 그래야 도(道)와 덕(德)을 밝게 알고 실천할 수 있다.

셋째, '친친(親親)'이다. 최고지도자는 부모나 형제자매는 물론 주변의 친척을 사랑하고 돌보아 주어야 한다. 그래야 집안이 제대로 안정되고, 국가 운영에서도 평온하게 된다.

넷째, '경대신(敬大臣)'이다. 최고지도자는 국가의 원로급 지도자를 공경하고 예를 지켜 대우하며 그들의 의견을 존중해야 한다. 그래야 형편 없는 소인배들, 즉 지도자 행세를 하는 가짜나 사이비 공무원들이 틈을 타고 들어오거나 이간질을 못한다.

다섯째, '체군신(體群臣)'이다. 최고지도자는 공무원들의 어려운 처지를 살피고 적절한 대책을 강구해 주어야 한다. 공무원들의 희생과 봉사정신을 현장에서 진정으로 구현할 수 있도록 복지를 마련해야 한다. 그러면 공무원들이 그에 상응하여 보답할 것이다.

여섯째, '자서민(子庶民)'이다. 최고지도자는 모든 국민에 대해 자식을 사랑하듯이 보살피고 잘 살 수 있게 해야 한다. 그래야 국민들이 최고지도자를 부모처럼 생각하고 그에 상응하는 존경을 표할 것이다.

일곱째, '래백공(來百工)'이다. 최고지도자는 산업을 이끌어가는 역군들, 즉 농업·상업·공업은 물론 과학기술 시대의 다양한 기술자나 기능공을 충분히 대우해야 한다. 그래야 산업 생산이 높아지고 국가의 재정이 풍족해진다.

여덟째, '유원인(柔遠人)'이다. 최고지도자는 국외의 기업가나 여행객들을 부드럽고 따뜻하게 대접해 주어야 한다. 국내외의 기업가들이 적극적으로 교류하고 안정적으로 사업을 확장하여 국가의 이익을 최대화 할 수 있도록 자리를 마련해 주어야 한다. 그래야 국가가 더욱 발전하고 번창한다.

아홉째, '회제후(懷諸侯)'이다. 최고지도자는 지방정부의 기관장이나 각 지역의 다양한 단체의 지도자들을 포용해야 한다. 그래야만 친선을 통해 진정한 협력을 이끌어낼 수 있다. 그것은 국가 전체의 유기체적 협조 관계를 만들어 지도자 사이의 존경은 물론 권위를 확보하는 계기가 된다.

在下位 不獲乎上, 民不可得而治矣. 獲乎上有道, 不信乎朋友,
不獲乎上矣. 信乎朋友有道, 不順乎親, 不信乎朋友矣. 順乎親有
道, 反諸身不誠, 不順乎親矣. 誠身有道, 不明乎善, 不誠乎身矣.
誠者, 天之道也; 誠之者, 人之道也.
誠者不勉而中, 不思而得, 從容中道, 聖人也. 誠之者, 擇善而固
執之者也.
博學之, 審問之, 愼思之, 明辨之, 篤行之.
有弗學, 學之弗能, 弗措也; 有弗問, 問之弗知, 弗措也; 有弗
思, 思之弗得, 弗措也; 有弗辨, 辨之弗明, 弗措也; 有弗行, 行
之弗篤, 弗措也. 人一能之, 己百之; 人十能之, 己千之.
果能此道矣, 雖愚必明, 雖柔必强.

직역 아랫자리에 있으면서 윗사람에게 신임을 얻지 못하면 백성을 다
스리지 못할 것이다. 윗사람에게 신임을 얻는 데 방법이 있으니, 벗에
게 믿음을 받지 못하면 윗사람에게 신임을 얻지 못할 것이다. 벗에게
믿음을 받는 데 방법이 있으니, 부모에게 순종하지 못하면 벗에게 믿
음을 받지 못할 것이다. 부모에게 순종함에 방법이 있으니, 자기 몸을
돌이켜보아 성실하지 못하면 부모에게 순종하지 못할 것이다. 몸을
성실히 함에 방법이 있으니, 선(善)을 밝게 알지 못하면 몸을 성실히
하지 못할 것이다.

성실한 것은 하늘의 도(道)이고, 성실히 하려는 것은 사람의 도(道)이다.
성실한 자는 힘쓰지 않고도 도리에 맞으며, 생각하지 않고도 알아서
가만히 도리에 맞으니, 성인(聖人)이다. 성실히 하려는 자는 선(善)을

선택하여 굳게 잡는 사람이다.

이것을 널리 배우며, 자세히 물으며, 신중히 생각하며, 밝게 분변하며, 독실히 행해야 한다.

배우지 않음이 있을지언정 배우면 능숙하지 못하거든 놓지 말며, 묻지 않음이 있을지언정 물으면 알지 못하거든 놓지 말며, 생각하지 않음이 있을지언정 생각하면 알지 못하거든 놓지 말며, 분변하지 않음이 있을지언정 분변하면 분명하지 못하거든 놓지 말며, 행하지 않음이 있을지언정 행하면 독실하지 못하거든 놓지 말아야 한다. 남이 한 번에 능숙하거든 나는 백 번을 하며, 남이 열 번에 능하거든 나는 천 번을 해야 한다.

과연 이 방법에 능숙하면 비록 어리석으나 반드시 밝아지고, 비록 유약하나 반드시 강해진다.”

번안 만약 어떤 권력자가 아래 사람들의 신임을 얻지 못했다면 국민을 통치할 수 없을 것이다. 오직 이 한 가지 방법만이 자신의 권위에 신임을 얻게 할 수 있다. 만약 어떤 사람이 자신의 친구로부터 신임을 얻지 못했다면 그는 장차 권위와 신임을 얻지 못할 것이다. 오직 이 한 가지 방법만이 친구들의 신임을 얻는 방법이다. 만약 어떤 사람이 집안사람들에게 순종하는 마음을 얻지 못했다면 그는 장차 친구의 신임을 얻지 못할 것이다. 오직 이 한 가지 방법으로 집안사람들의 순종을 얻을 수 있다. 만약 어떤 사람이 자신의 마음을 돌이켜 보고서 자신에 대해 진실하지 않다면 그는 장차 집안사람들이 순종하려는 마음을 얻지 못할 것이다. 사람이 자신에 대해 진실하려면 오직 이 방법뿐이다. 그가 만약 무엇이 착한 것인지를 알지 못한다면 그는 곧 자신에 대하여 진실하지 못할 것이다.

진실함은 하나님의 율법이다. 진실을 얻은 것은 바로 사람의 법칙이다. 직관적으로 진실을 이해하는 사람만이, 노력을 통해, 우연히 정확하면서도, 생각할 필요 없이, 자신이 무엇을 알려고 하는지를 발견할 수 있다. 그의 삶은 아주 쉽고 자연스럽게 도덕법칙과 조화를 이루는 가운데 있을 것이다. 이러한 사람이 바로 우리가 말하는 성인, 또는 신성한 천성을 지닌 인간이다. 그는 진실을 얻었다. 그는 무엇이 착한 것인지를 바로 찾았다. 아울러 그것을 견고하게 잡았다. 진실을 얻기 위하여, 이 세상에서 말하는, 반드시 해야 하는 가장 광범하고 전면적인 지식을 획득할 필요가 있다. 비판적으로 그것을 탐색하고, 자세하게 그것을 헤아리고, 분명하게 그것을 골라내고, 진지하게 그것을 시행한다.

당신이 무엇을 배우든지 당신이 일단 하나의 일을 배우기 시작하면, 당신은 줄곧 그것에 정통할 때까지 포기하지 말아야 한다. 당신이 무엇을 탐구하든지 일단 하나의 일을 탐구하기 시작하면, 당신은 그것을 철저하게 이해할 때까지 포기하지 말아야 한다. 당신이 무엇을 생각하려고 하든지 일단 당신이 한 가지 일을 생각하기 시작하면, 당신이 원하는 것을 얻을 수 있을 때까지 포기하지 말아야 한다. 당신이 무엇을 분별하려고 하든지 일단 하나의 일을 분별하기 시작하면, 당신이 그것을 분명하게 이해하여 명확히 분별할 수 있을 때까지 포기하지 말아야 한다. 당신이 무엇을 실행하려고 하든지 일단 하나의 일을 시행하기 시작했다면, 그것을 완전하게 아주 잘 완성할 때까지 포기하지 말아야 한다. 만약 다른 사람이 1분의 노력을 통해 성공했다면, 당신은 곧 100분의 노력으로 힘써야 할 것이다. 만약 다른 사람이 10분의 노력으로 성공했다면, 당신은 곧 1000분의 노력으로 힘써야 할 것이다.

한 사람에게 진정으로 이렇게 습관들이도록 하라. 진실로 이와 같이 한다면, 그가 비록 어리석은 사람일지라도 반드시 총명해질 것이다. 그가 비록 유약한 사람일지라도 반드시 굳세고 강해질 것이다.

해설 삶은 자신과의 싸움이다. 그 싸움의 중심에 자기 단련이 자리한다. 우리는 어떻게 자신을 성숙시켜갈 수 있을까? 정성을 다하여 자기충실을 진행해 갈 수 있을까? 자신을 성실하게 만드는 데 방법이 있다. 구흥밍은 셰익스피어의 희극 「햄릿」의 제1막 3장의 말을 인용하여, 서구인들에게 이 구절을 이해시킨다.

"당신은 반드시 당신 자신에게 충실해야 한다.
마치 낮이 있은 이후에야 밤이 있는 것처럼.
자신에게 충실해야,
비로소 다른 사람들을 기만하지 않을 것이다."

주자의 주석에 의하면, 자기충실은 자신의 불성실함을 돌이켜보는 데서 시작한다. 그것은 불성실한 만큼 자신의 몸으로 돌진한다. 먼저, 언행을 되돌려 반성해보라. 그것은 자기가 말하고 실천했을 때, 속으로 품었던 마음이나 밖으로 드러난 행동이 참되고 허망한 데가 없었는지를 반성하고 찾아본다는 의미다. 이른바 '반구저신(反求諸身)'이다. 이 단락에서 진지하게 성찰해야 할 단문이 또 있다. 다름 아닌, "성실한 것은 하늘의 도(道)이고, 성실히 하려는 것은 사람의 도(道)이다.[誠

者, 天之道也. 誠之者, 人之道也.]"라는 구절이다. 이미 너무나 많이 알려져 있기에, 사람들이 간과하기 쉽다. 간과하는 순간 '인간의 길'은 사라진다. 여기에서 성(誠)은 우주의 능동적 힘, 천지자연의 에너지다. 인간은 그것을 사회에 구현하려는 노력을 통해 존재의 이유를 밝힐 수 있다.

구홍밍은 이 구절을 다음과 같이 해석한다. "직관에 근거한 진실은 곧 하나님이 사람의 마음에 심어준 율법이다. 얻은 진실이 곧 사람들이 노력하여 달성하는 법칙이다." 정말 무섭고 두려운 인식이다. 엄중하다.

이 지점에서 공부 문제가 적극적으로 개입한다. '박학(博學)-심문(審問)-신사(愼思)-명변(明辨)-독행(篤行)'으로 이어지는 '학문사변(學問思辨)'의 '실천[行]'이다. 우리는 넓게 배우는 '박학'의 과정을 통해, 세상 견문을 넓히고 사물의 법칙을 두루 알게 된다. 배운 내용에 대해 의문을 제시하며 자세히 묻는 '심문'을 거쳐, 앎을 바르게 정돈해야 한다. 스스로 깊이 생각하는 '신사'의 과정을 통해, 학문의 정밀성을 높이고 마음으로 터득하게 한다. 분명하게 변별하는 '명변'을 거쳐, 공사, 선악, 시비 등을 명확하게 분별한다. 이런 '학문사변'의 연찬은 최선을 다해 실천하는 '독행'을 통해 자신의 덕성으로 자리잡는다.

▶ 제17장

子曰: "舜其大孝也與! 德爲聖人, 尊爲天子, 富有四海之內, 宗廟饗之, 子孫保之.
故大德必得其位, 必得其祿, 必得其名, 必得其壽.
故天之生物, 必因其材而篤焉. 故栽者培之, 傾者覆之.
『詩』曰: '嘉樂君子, 憲憲令德. 宜民宜人, 受祿于天. 保佑命之, 自天申之.'
故大德者, 必受命."

직역 공자께서 말씀하셨다. "순임금은 큰 효자일 것이다. 덕(德)은 성인(聖人)이 되고, 존귀함은 천자(天子)가 되고, 부유함은 사해(四海)의 안을 소유하여, 종묘(宗廟)의 제사를 흠향하며 자손을 보전하셨다.

그러므로 큰 덕은 반드시 그 지위를 얻으며, 반드시 그 녹봉을 얻으며, 반드시 그 이름을 얻으며, 반드시 그 수명을 얻는다.

때문에 하늘이 물건을 낼 때는 반드시 그 재질을 따라 돈독히 한다. 그러므로 심은 것은 북돋아 주고, 기운 것은 엎어 버린다.

『시경』에서 말했다.

'아름다운 군자여, 드러나고 드러난 훌륭한 덕(德)이로다. 백성에게 마땅하며, 사람들에게 마땅하다. 하늘에게 복록을 받으리. 보우(保佑)하여 명(命)하시고, 하늘로부터 거듭한다네'

그러므로 큰 덕이 있는 사람은 반드시 천명(天命)을 받는다."

번안 공자가 말했다. "순임금은 아마 가장 경건한 사람으로 보아야 할 것이다. 도덕적 품성에서 그는 성인이다. 관직에서 그는 제왕의 통치 자리에 있는 귀한 몸이다. 재산과 부유함에서 세상 만물 모든 것이 그에게 속해 있다. 그가 죽은 이후, 그의 영혼은 조상들의 사당에서 모셔지고, 이를 받들어 모시는 일은 그의 후손들이 몇 세대를 유지하였다.

그러므로 이러한 위대한 도덕적 품성을 가지고 있어 그는 반드시 그에 해당하는 높은 지위에 오르고, 그에 해당하는 걸출한 성취를 이루고, 그에 해당하는 아름다운 명성을 얻었으며, 그에 해당하는 장수를 누렸다.

하나님께서 그가 창조한 모든 사물에 생명을 부여할 때, 반드시 그들의 특징에 따라 넉넉하게 부여하였다. 그러므로 생명력이 가득한 나무는 기르고 자라서 자신을 지킨다. 그러나 장차 썩어가는 나무는 잘리고 넘어져서 파괴된다.

'착하고 고귀한 왕은
아! 그는 무엇을 하든지 매혹적이다
한 나라의 국민들이 일제히 노래하네
공평한 통치를 찬송하네
국왕이 조상과 그에게 부여한 것은
하나님이 모든 사람을 똑같이 착하게 대하라는 것이니
하나님이 힘과 받쳐줌은 영원하여
임금께서 재삼 펼치도다'

그러므로 그가 위대한 도덕적 품성을 소유하고 있었기에, 그는 반드시 신성한 부름을 받아 제국의 왕 자리를 얻었을 것이다."

해설 이 장의 '대효(大孝)'에서 '효(孝)'자는 순임금이 효도를 다하는 자식이라는 측면만을 가리키는 것이 아니다. 라틴어 '피우스(pius)'의 뜻을 내포한다. 즉 완전한 의미에서 경건함을 말한다. 하나님에게는 숭고한 공경의 마음으로 충만하고, 부모에게는 의무를 다하며, 삶에서는 모든 인간관계에서 충실하고 규범을 지킨다.

후반부는 2,000년 이전에 '적자생존(適者生存)', 즉 '우주자연과 인간사회에 적응하는 자가 생존한다'는 규칙을 보여 준 것이다. 그러나 이러한 규칙에 대한 공자의 설명과 지금의 설명은 같지 않다. '적응하는 자가 생존한다!'의 의미는 가장 잔혹하고 가장 힘이 강한 자가 생존함을 가리키는 것이 아니다. 오히려 도덕적 의미에서 잘 적응하는 자가 생존한다는 말이다.

▶ 제18장

子曰: "無憂者, 其惟文王乎? 以王季爲父, 以武王爲子, 父作之, 子述之. 武王纘大王·王季·文王之緖, 壹戎衣而有天下, 身不失天下之顯名, 尊爲天子, 富有四海之內, 宗廟饗之, 子孫保之. 武王末受命, 周公成文·武之德, 追王大王·王季, 上祀先公以天子之禮.
斯禮也, 達乎諸侯·大夫及士·庶人. 父爲大夫, 子爲士, 葬以大夫, 祭以士. 父爲士, 子爲大夫, 葬以士, 祭以大夫. 期之喪, 達乎大夫. 三年之喪, 達乎天子. 父母之喪, 無貴賤一也."

직역 공자께서 말씀하셨다. "근심이 없으신 분은 오직 문왕(文王)일 것이다. 왕계(王季)를 아버지로 삼았고, 무왕(武王)을 아들로 삼았으니, 아버지가 시작을 하거늘 아들이 계승하였다. 무왕이 태왕(太王)·왕계(王季)·문왕(文王)의 왕업을 이어, 한번 전투복을 입어 천하를 소유하셨는데, 몸은 천하의 훌륭한 이름을 잃지 않았으며, 존귀함은 천자(天子)가 되고, 부유함은 사해(四海)의 안을 소유하여, 종묘(宗廟)의 제사를 흠향하며 자손을 보전하셨다. 무왕이 말년(末年)에 천명(天命)을 받자, 주공(周公)이 문왕·무왕의 덕을 이루어, 태왕과 왕계를 추존(追尊)하여 왕으로 높이고, 위로 선공(先公)을 천자(天子)의 예(禮)로 제사하셨다. 이 예(禮)가 제후(諸侯)와 대부(大夫) 및 사·서인(士·庶人)에게까지 통하였다. 그리하여 아버지가 대부(大夫)가 되고 아들이 사(士)가 되었으면,

장례는 대부의 예로 하고 제사는 사의 예로 한다. 아버지가 사가 되고 아들이 대부가 되었으면, 장례는 사의 예로 하고 제사는 대부의 예로 한다. 기년상(期年喪)은 대부에까지 이르렀다. 삼년상(三年喪)은 천자에까지 이르렀다. 부모의 상(喪)은 귀천(貴賤)에 관계없이 똑같았다."

번안 공자가 말했다. "아마 가장 완벽한 즐거움을 향유한 사람은 문왕일 것이다. 그의 아버지는 비범한 인물이었다. 그는 왕계다. 그의 아들도 비범한 인물이었다. 그는 무왕이다. 그의 아버지는 그를 위해 왕조의 기반을 마련하고, 그의 아들이 계승하여 이어갔다. 무왕이 계승한 위대한 사업은 그의 위대한 선조로부터 시작되었고, 그의 할아버지 왕계와 아버지 문왕으로부터 시작된 것이다. 그는 단지 갑옷을 입기만 하면, 곧 제국을 소유할 수 있었다. 문왕도 마찬가지로 탁월한 인물이다. 직무에서 그는 제국의 통치자로서 귀한 몸이었고, 재산과 부유함에서 그는 세상의 모든 것을 소유하였다. 죽은 이후, 그의 영혼은 조상을 모시는 사당에 모셔졌고, 이렇게 모셔진 것은 그의 자손이 수 세대를 유지하고 있었다. 문왕은 실제로는 왕위에 오른 적이 없다. 그러나 그의 아들 주공이 제국을 세우고 그 성취한 공적을 문왕과 무왕의 도덕적 성품으로 돌린 것이다. 그는 장차 제왕의 재가를 위대한 제왕인 문왕의 할아버지와 문왕의 아버지인 왕계에게 돌렸다. 그는 모든 제왕의 영예로 예선의 모든 왕조의 임금들을 받들었다.

위로는 제후 귀족, 아래로는 신사와 일반백성에 이르기까지 이 규범은 현재 보편적으로 받아들여지고 있다. 만약 아버지가 귀족이고 아들은 일반적인 신사라면, 아버지가 돌아가신 이후에는 귀족의 영예로 대우하여 장례를 치른다. 그러나 일반 신사로서 받들어 모신다.

만약 아버지가 일반 신사이고 아들이 귀족이라면, 아버지가 돌아가신 이후에 일반 신사로 장례를 치른다. 그러나 귀족의 명예로 받들어 모신다. 친척을 위해 상을 치르는 경우, 이러한 규칙은 귀족 제후 계급은 반드시 지켜야 한다. 그러나 아버지를 위해 3년간 상을 치르는 경우는 모든 사람들, 그리고 임금에 이르기까지 반드시 지켜야 한다. 부모를 위해 상복을 입는 것은 귀족과 평민이 구별이 없다. 이 하나의 규칙뿐이다.

해설 이 장은 주(周)나라 문왕과 그의 아들 무왕 및 주공에 대한 기술이다. 주나라는 공자를 비롯하여 유가(儒家)에서 가장 높이 받드는 왕조다. 천도(天道)를 바탕으로, 인의(仁義)의 정치를 펼치고, 왕도(王道)를 확립한 평안한 국가로 인식했기 때문이다. 중국 역사에서 주나라는, 덕치(德治)는 물론, 문화적으로도 잘 정비된 제도와 체계적인 교육이 진행된 아름다운 왕조로 묘사된다.

제19장

子曰: "武王周公, 其達孝矣乎! 夫孝者, 善繼人之志, 善述人之事者也.

春秋脩其祖廟, 陳其宗器, 設其裳衣, 薦其時食.

宗廟之禮, 所以序昭穆也. 序爵, 所以辨貴賤也; 序事, 所以辨賢也. 旅酬, 下爲上, 所以逮賤也. 燕毛, 所以序齒也.

踐其位, 行其禮, 奏其樂, 敬其所尊, 愛其所親, 事死如事生, 事亡如事存, 孝之至也.

郊社之禮, 所以事上帝也. 宗廟之禮, 所以祀乎其先也. 明乎郊社之禮, 禘嘗之義, 治國其如示諸掌乎."

직역 공자께서 말씀하셨다. "무왕(武王)과 주공(周公)은 누구나 공통으로 칭찬하는 효자이다. 효는 사람의 뜻을 잘 계승하며, 사람의 일을 잘 전술하는 것이다.

봄·가을에 선조의 사당을 수리하며, 종묘의 보기(寶器)를 진열(陳列)하며, 선조의 의상(衣裳)을 펴놓으며 제절의 음식을 올린다.

종묘의 예는 소목(昭穆)을 차례 하는 일이다. 관작에 따라 서열을 두는 것은 귀천의 분별이고, 일을 차례로 맡김은 어진 이를 분별하는 것이다. 여럿이 술을 권할 때 아랫사람이 윗사람을 위하여 술잔을 올림은 천(賤)한 이까지 미치는 일이다. 잔치할 때 모발의 색깔대로 차례하는 것은 연치(年齒)를 서열하는 일이다.

그 자리를 밟아 그 예를 행하고 그 음악을 연주하며, 그가 존경하던 바를 존경하고, 그가 친애하던 바를 사랑하며, 죽은 사람 섬기기를 산 사람 섬기듯이 하고, 없는 사람 섬기기를 생존한 사람 섬기듯이 하는 것이 효의 지극함이다.

교제(郊祭)와 사직(社稷) 제사의 예는 상제(上帝)를 섬기는 일이다. 종묘의 예는 그 선조를 섬기는 것이다. 교제와 사직 제사의 예와 체제(禘祭)·상제(嘗祭)의 의미에 밝으면, 나라를 다스림은 그 손바닥 위에 놓고 보는 것처럼 쉽다."

번안 공자가 말했다. "무왕과 그의 형제인 주공은 분명히 보통 경건한 사람이 아니다. 지금 진정한 효도는 조상이 이루지 못한 사업을 성공적으로 계승하는 일이 포함된다. 그리고 그들이 이룩한 사업을 자손과 후대에게 물려주는 것이다.

늦봄과 늦가을에 그들은 지붕을 수리하고, 조상의 사당을 정돈하여 제사에 쓸 그릇을 배열하고, 가문을 상징하는 물건들을 진열하고, 아울러 계절에 맞는 제사 물품을 진열해 둔다.

조상을 모신 사당에서 제사의 순서는, 먼저 가문의 계보에 따라 모든 가문의 성원들을 열거한다. 그 다음 등급 문제를 고려하는데, 사회적 지위를 확인하여 구분하는 것을 원칙으로 한다. 도덕적 품성의 등급을 확인하고, 의식에서 표현할 문제를 한 걸음 나아가 고려한다. 일반적인 잔치에서 술을 올릴 때, 아랫사람이 윗사람에게 먼저 올린다. 이는 드러내기 위해서이며, 또 지위가 낮은 사람의 입장을 생각해서이다. 마지막으로 나이에 따라 선배를 확인하는 원칙에 따라, 장차 윗사람을 위해 단독으로 잔치를 연다.

우리보다 먼저인 아버지 세대가 모이던 장소에서 모인다. 우리보다 앞서 그들이 치렀던 의식을 치른다. 우리보다 앞서 그들이 연주했던 악곡을 연주한다. 그들이 존경했던 사람들에게 경의를 표시한다. 그들이 사랑했던 사람을 사랑한다. 실제로 이미 돌아가신 사람 대하기를 마치 그들이 여전히 살아 있는 듯이 한다. 우리를 떠난 사람들 대하기를 마치 그들이 여전히 우리 곁에 있는 것처럼 한다. 이것이 바로 진정한 효도의 가장 높은 경지다.

하늘과 땅에 올리는 제사 의식은 하나님을 받드는 것을 의미한다. 조상의 사당에서 의식을 치르는 것은 조상에 대한 숭배의 마음을 나타낸다. 어떤 사람이 단지 하늘과 땅에 제사 지내는 뜻을 알고, 조상을 숭배하여 올리는 의식의 뜻을 알게 된다면, 한 나라를 통치하는 일은 가장 간단한 사안일 것이다."

해설 위의 3장(17, 18, 19장)에서는 역사적으로 위대한 인물들의 행적을 사례로 들어 정돈하였다. 위대한 사람들은 그들의 정치활동에서, 여러 가지 중요한 의식이나 친척 관계의 합리적 설정을 통해 도덕법칙을 실현하였다.

▶ 제20장

子曰: "鬼神之爲德, 其盛矣乎! 視之而弗見, 聽之而弗聞, 體物
而不可遺.
使天下之人, 齊明盛服, 以承祭祀. 洋洋乎如在其上, 如在其左右.
『詩』曰: '神之格思, 不可度思, 矧可射思.' 夫微之顯, 誠之不可
揜, 如此夫!"

직역 공자께서 말씀하셨다. "귀신(鬼神)의 덕(德)이 지극하도다. 보아
도 보이지 않으며 들어도 들리지 않되, 사물의 본체가 되어 빠뜨릴 수
없다.
세상 사람에게 재계(齋戒)하고 깨끗이 하며 의복을 성대히 하여, 제사를
받들게 한다. 강물이 넘실거리는 듯하며 그 좌우에 서성대는 듯하다.
『시경』에서 말했다. '신(神)의 이름을 예측할 수 없으니, 하물며 신을
싫어할 수 있겠는가.' 은미한 것이 드러나니, 성(誠)을 덮을 수 없음이
이와 같구나!"

번안 공자가 말했다. "우주 가운데 신령한 힘, 그것은 어느 곳에나 존
재한다. 얼마나 활력적인가! 눈으로는 보이지 않으며, 감각으로 느낄
수 없으며, 자연성은 모든 사물 가운데 존재한다. 어떠한 사물이라도
그것의 영향을 벗어날 수 없다.
실제로 분명히 이러한 힘들이 존재한다. 그래서 모든 국가의 사람들

이 모두 자신의 몸을 깨끗하게 하고, 아울러 몸에는 장엄한 예복을 차려입고 제사를 제정하고, 그리고 종교적 숭배의 의식을 치른다. 보이지 않는 힘의 존재는 마치 거대한 물길이 세차게 부딪쳐 느껴서 아는 것과 같다. 때로는 그것이 우리의 위에 있고, 때로는 그것이 우리의 주변을 에워싸고 맴돈다.

『시경』에서 말했다. '신령의 존재는 예측할 수 없다. 그것은 우리 마음에 경외심을 격발시킨다.' 이것이 바로 보이지 않는 사물의 존재에 대한 증거다. 사람의 정신적 본질을 의심하는 것은 상상할 수 없다.

해설 이 장은 본래 『중용』 제16장이다. 구흥밍은 과감하게 제20장을 제15장 다음 자리로 올려 배치하고, 제16장은 제20장 자리로 안배했다. 즉, 제15장-제20장-제17장-제18장-제19장-제16장의 순으로 재구조화 했다. 결국 제16장과 제20장의 자리를 바꾼 셈이다.

그리고 위 구절에 대해 칼라일의 언표를 빌려 다음과 같이 말했다. "당신은 세상 어느 구석에 '힘'이라는 존재가 미치지 않는 곳이 있는지를 아는가? 마른 나뭇잎은 죽지 않고, 또한 사라지지도 않는다. 힘은 그 가운데 충만 되고 그 주변을 맴돈다. 그렇지 않으면 어떻게 그것이 썩을 수 있는가?"

▶ 제21장

自誠明, 謂之性; 自明誠, 謂之敎. 誠則明矣, 明則誠矣.

직역 성(誠)으로 말미암아 밝아짐을 성(性)이라 이르고, 명(明)으로 말미암아 성실해짐을 교(敎)라 이르니, 성실하면 밝아지고, 밝아지면 성실해진다.

번안 진실하게 직접적으로 통찰하여 얻은 지혜는 다름 아닌 직관이다. 지혜에서 비롯되는 실천적 진실에 대한 통찰은 교육의 결과다. 어떤 곳에 진실이 있으면 어떤 곳에 지혜가 있다. 어떤 곳에 지혜가 있으면 어떤 곳에 진실이 있다.

해설 이 장은 『중용』의 전체 구조에서 볼 때, 매우 중요한 대목이다. 왜냐하면 우주자연의 질서[天道]와 인간사회의 법칙[人道]을 가늠하거나 그 관계에 대한 구체적인 원리를 제공하는 머리글이기 때문이다. 이하 열 두 개의 장, 즉 제22장-제33장까지는 자사(子思)가 이 제21장을 부연 설명했다.
'성(誠)→명(明)⇒성(性), 명(明)→성(誠)⇒교(敎), 성(誠)⇔명(明)'의 유기체적 관계에서 천(天; 우주자연)과 인(人; 인간사회)의 합일(合一)구조를 깊이 성찰하면 중용의 도리가 자연스럽게 드러난다.
주자의 주석에 의하면, 자연의 질서와 인간의 법칙은 다음과 같이 설명된다. "성인(聖人)의 덕(德)은 하늘이 천명(天命)으로 부여해준 성리(性理)를 바탕으로 하여, 그와 같이 밝은 덕으로 나타난다. 그것이 우주자연의 질서[天道]다. 그러므로 먼저 선(善)을 명확하게 알고, 다음에 그 선을 알차게 실행하는 것이 현인들의 배움이다. 교육을 통해 덕에 들어가는 것이 사람의 길이며, 사람이 따르고 행할 도리다. 우주자연은 진실하고 거짓이 없는 성(誠)으로 모든 존재를 분명하게 나타내고 있다. 따라서 사람은 그와 같은 자연의 속성을 성실하게 따르고 이치에 맞게 행함으로써 정확하게 알고 밝은 덕(德)을 갖출 수 있다. 우주자연이 분명하고 명확하게 펼쳐 드러냄으로써 성(誠)에 이르듯이 사람도 분명하고 명확하게 제대로 알아야 성(誠)에 도달할 수 있다."

다시 말하면, 우주자연은 그 자체가 성(誠)이다. 진실(眞實)하고 선(善)하고 거짓이 없다[無妄]. 이 '있는 그대로의 실정(實情)'을 '밝음[明]'으로 표현한다. 그 우주자연의 참모습을 드러내어 인간사회의 질서로 도입하는 과정 또한 '밝히는 일'인 '명(明)'이다. 이 과정의 결과로 밝아진 명(明)은 성(誠)과 동일한 선(善)한 '본성(性)'을 이룬다. 이른바 "자성명위지성(自誠明謂之性)"이다. 여기에서 '자성명(自誠明)'은 우주자연, 즉 하늘의 경지다. 시간과 공간을 통합한 우주자연은 있는 그대로 참 자체다. 성(誠)이라는 우주적 생명의 근원, 그 에너지는 모든 존재를 낳고 양육하고 변화시키며 형성하는 위대한 드라마를 연출한다. 인간도 그런 존재 가운데 하나다. 이렇게 되었을 때, 우주자연은 인간사회와 동일체를 형성하며, 천인합일(天人合一)의 모습을 보여준다.

그 다음은 인간의 몫이다. 인간은 자신은 물론 사회의 법칙을 보존할 뿐만 아니라 성숙하게 가꾸어 나가야 한다. 정확하게 구명한 우주자연의 질서[明]를 통해 스스로 그것과 일체감[誠]을 형성하는 진실무망

(眞實無妄)의 세계를 꿈꾼다. 그것을 담당하는 인류의 가장 위대한 사업이 바로 '교육[敎]'이다. 교육은 현인(賢人)의 배움으로 전개된다. 배움의 거대한 과정을 간략하게 "자명성위지교(自明誠謂之敎)" 한마디로 압축했다.

그리하여 자연과 인간은 '성(誠)⇔명(明)'으로 넘나든다. '성즉명(誠則明)-명즉성(明則誠)'은 우주자연 자체가 진실무망한 생명력을 펼치는 시공간이다. '생(生)-육(育)-화(化)-성(成)'으로 상징되는 생명력의 전개는 존재를 낳고 기르고 되어가고 이루는 과정을 인간의 사명으로 부여한다. 그것은 의식과 무의식의 융합, 표리일체(表裏一體), 원근통합(遠近統合) 자연과 인간, 또는 개인과 사회의 뚜렷한 분별을 인식하면서도 무분별의 합일을 고려하는, 유기체 구조를 염원한다. 그 가운데 중용의 세계가 작동한다.

이런 점에서 자연은 이미 거대한 중용의 세계이고, 인간은 중용의 세계를 갈망하며 자연을 닮으려고 노력한다.

제22장

唯天下至誠, 爲能盡其性; 能盡其性, 則能盡人之性; 能盡人之性, 則能盡物之性; 能盡物之性, 則可以贊天地之化育; 可以贊天地之化育, 則可以與天地參矣.

직역 오직 세상에 지극히 성실한 분이어야 능히 그 성(性)을 다할 수 있으니, 그 성을 다하면 사람의 성을 다할 수 있고, 사람의 성을 다하면 사물의 성을 다할 수 있으며, 사물의 성을 다하면 천지(天地)의 화육(化育)을 도울 것이고, 천지의 화육을 도우면 천지와 더불어 참여할 수 있다.

번안 세상에서 절대적 진실을 소유한 사람만이 비로소 그의 본성에 내재한 법칙의 본질을 통찰할 수 있다. 그의 본성에 내재한 법칙의 본질을 통찰할 수 있어야만, 다른 사람의 본성에 내재한 법칙의 본질을 통찰할 수 있다. 사람의 본성에 내재한 법칙의 본질을 통찰할 수 있어야만, 대자연이 지닌 법칙의 본질을 통찰할 수 있다. 대자연이 지닌 법칙의 본질을 통찰할 수 있어야만, 장차 우주의 창조력에 영향을 줄 수 있다. 만약 우주의 창조력에 영향을 줄 수 있다면, 그는 곧 우주의 힘을 소유한 사람이다.

해설 이 장은 제21장의 '자성명(自誠明)'을 확장하여 기술했다. 즉 우주자연과 하나가 된 지성(至聖), 즉 성인(聖人)이 우주적 생명력의 전개에 참여할 수 있다는 의미를 밝혔다. 이유는 간단하다. 성인은 우주자연의 질서만을 따르고 실천한다. 조금이라도 개인적인 욕심이 없다. 아니, 인간의 욕망에 흔들리지 않는다. 그러므로 우주자연의 질서와 하나가 되어 '생육화성(生育化成)'의 성스러운 작업에 참여할 수 있다.

이 지점에서 고민할 부분이 있다. 우주자연은 말 그대로 자연적인 원시적 양식을 순환·반복한다. 그 가운데 우주적 생명력과 에너지를 응축하고, 존재의 활동을 전개한다. 이 모두가 자연의 힘이다. 이런 자연의 생명력은 인간이 개입할 때 새로운 양상으로 빛을 발한다. 인간은 그 힘을 바탕으로 능률적으로 생산한다. 그 결과가 문명 또는 문화다. 문명·문화의 진보는 다차원적으로 사회 발전을 모색한다. 예컨대, 말을 타고 달리고 소를 이용하여 경작하고, 마구나 쟁기를 실용적이면서도 미학적으로 만들어낸다. 그것의 확장된 형태가 과학기술문명이자 철학의 성숙이다. 그런 영향인지, 문화의 초기 모습은 경작(耕作)으로 상징된다. '문화'가 '경작하다(culture)'라는 말에 근원하는 이유이기도 하다.

이 우주자연의 생명력이 인간의 문명[문화]세계로 녹아들어 지속되고, 그 합일의 질서가 균형을 이루어나갈 때 '중용(中庸)' 또는 '중화(中和)'의 세상이 펼쳐진다. 전체적으로 볼 때, 자연과 인간의 합일이다. 이를 인간사회에 한정해 보면, 일상의 세계에서, 사람 사이의 언행에 균형을 이루려는 삶의 미학이다.

제23장

其次致曲, 曲能有誠, 誠則形, 形則著, 著則明, 明則動, 動則變, 變則化. 唯天下至誠 爲能化.

직역 그 다음은 한쪽으로 지극히 함이니, 한쪽으로 지극히 하면 성실할 수 있다. 성실하면 드러나고, 드러나면 더욱 드러나고, 더욱 드러나면 밝아지고, 밝아지면 감동시키고, 감동시키면 바뀌고, 바뀌면 탈바꿈할 수 있다. 오직 세상에 지극히 성실한 분이어야 탈바꿈할 수 있다.

번안 인류가 사유하는 과정에서, 절대적 진실을 소유한 존재의 다음 등급은 곧 하나의 특정한 지식영역을 통찰할 수 있느냐의 문제이다. 매개의 특정한 지식영역에서 언제나 진실이 존재한다. 어떤 곳에 실제적 본질이 있으면, 그 어떤 곳에는 곧 실제적 존재가 있다. 어떤 곳에 실제적 존재가 있으면, 그 어떤 곳에는 곧 지혜로운 사람이 있다. 어떤 곳에 지혜로운 사람이 있으면, 그 어떤 곳에는 곧 힘이 있다. 어떤 곳에 힘이 있으면, 그 어떤 곳은 곧 영향을 미치게 된다. 어떤 곳에 영향을 미치면, 그 어떤 곳은 곧 창조력이 있게 된다. 세상에서 오직 절대적인 진실을 소유한 사람만이 창조할 수 있다.

해설 제22장에서는 성인, 즉 '절대적 진실을 소유한 사람'의 천지화육(天地化育) 참여에 관해 말했다. 이장에서는 그 다음가는 인간인 '현인(賢人)'이나 '군자(君子)'도 하나의 덕[특정한 지식영역]을 성실히 실천하면, 성인처럼 '천지화육'할 수 있음을 강조했다.

이 지점에서 교육적 인간상으로서 '성인(聖人)'과 '현인(賢人)·군자(君子)'의 동질성과 이질성을 눈여겨볼 필요가 있다. 성인(聖人)은 우주자연의 성(誠)과 동일한 차원에서 '총체적'으로 우주자연의 질서에 동참할 수 있다. 앞의 제16장(『중용』 제20장)에 언급된 '태어나면서 바로 아는' '생이지지(生而知之)'다. 하지만 한 단계 아래급인 현인이나 군자는 학자로서 '배워서 아는' 이른바 '학이지지(學而知之)'다.

현인·군자로서 학자는 일시에 '총체적'인 '성(誠)'을 실천할 수 없다. 성(誠)을 바탕으로 한 가지씩 차례로 명확하게 밝혀 덕성을 알차게 만들어가야 한다. 그 점차적 노력의 결과, 성인과 같은 우주자연의 지성적 경지로 나아갈 수 있다. 이것이 유학의 교육 사업, 즉 학습의 논리다. 즉 우주자연의 조그마한 일들을 하나하나 구명하여 참되게 실적을 쌓아야 한다. 그 교육의 계단이 '성(誠)-형(形)-저(著)-명(明)-동(動)-변(變)-화(化)'다.

제24장

至誠之道, 可以前知. 國家將興, 必有禎祥; 國家將亡, 必有妖
孼. 見乎蓍龜, 動乎四體, 禍福將至: 善, 必先知之; 不善, 必先
知之. 故至誠如神.

직역 지성(至誠)의 도(道)는 닥쳐오기 전에 미리 알 수 있다. 국가가 장
차 흥성하려면 반드시 상서로운 조짐이 있으며, 국가가 장차 멸망하
려면 반드시 괴이한 일이 있다. 시초점과 거북점에 나타나며, 손발의
움직임에 드러난다. 화(禍)와 복(福)이 장차 이름에 좋을 것을 반드시
먼저 알며, 좋지 못할 것을 반드시 먼저 안다. 그러므로 지성(至誠)은
신(神)과 같다.

번안 사람들은 미래를 예측할 수 있다. 왜냐하면 그들은 절대적 진실
을 아는 능력을 소유하고 있기 때문이다. 만약 어떤 나라 또는 가문
이 번영할 것이라면, 반드시 행운의 조짐들이 나타날 것이다. 만약 어
떤 나라 또는 가문이 멸망할 것이라면, 반드시 그에 상응하는 현상이
나 비정상적인 사물이 나타날 것이다. 이러한 사물들은 점을 치는 기
구 또는 사람의 몸에서 나타난다. 행복과 불행이 곧 닥쳐올 때, 그것
은 모두 예측하여 알 수 있다. 만약 그것이 선이라면 장차 예측하여
알 수 있다. 만약 그것이 악이라면 장차 예측하여 알 수 있다. 그러므
로 절대적 진실을 아는 능력을 소유한 사람은 곧 하나의 초자연적 존

재인 것이다.

해설 인간은 냉철한 이성(理性)이나 지적 능력을 통해 세상을 판단하기도 하지만, 느낌이나 현상을 통해 감성(感性)을 발동하여 인식하기도 한다. 사람은 합리적 이성을 중시하지만, 때로는 단순한 인정(人情)이나 느낌을 통해 삶의 활력을 얻기도 한다. 특히, 근대 과학기술문명이 발달하기 이전에는 그런 상황이 많았다.

지도자가 자연의 질서를 성실하게 따르고 실천하면, 봉황(鳳凰)이 날아와 울고 기린(麒麟)이 나타나는 좋은 조짐이 보여, 국가가 흥성할 기운이라고 했다. 반대로 지도자가 사리사욕만을 좇고 악덕을 저지르며 타락하면 천재지변(天災地變)과 같은 흉한 조짐이 계속 나타나고, 국가가 멸망할 불길한 징조로 이해했다. 그러므로 어떤 현상이나 조짐을 보고 국가의 번영과 멸망의 징조를 미리 알 수 있다. 이런 상황을 하늘과 인간의 감응으로 보고, '천인감응설(天人感應說)'이 등장하기도 했다.

그런 징조는 첫 번째는 천체나 기상변화에 나타나고, 두 번째는 자연과 지상에 괴이한 변화로 드러나며, 세 번째는 사회 풍조나 인심, 나아가 생활양식에 나타난다. 특히, 영특한 사람은 점괘(占卦)로 이런 조짐을 맞추기도 한다.

▶ 제25장

誠者自成也, 而道自道也. 誠者物之終始, 不誠無物. 是故君子
誠之爲貴.
誠者非自成己而已也, 所以成物也. 成己, 仁也. 成物, 知也. 性
之德也, 合內外之道也. 故時措之宜也.

직역　성(誠)은 스스로 이루어지는 것이고, 도(道)는 스스로 가는 길이
다. 성(誠)은 사물의 끝이자 처음이니, 성실하지 않으면 사물이 없다.
그러므로 군자는 성실히 함을 귀하게 여긴다.
성(誠)은 스스로 자기를 이룰 뿐만 아니라, 남도 이루어 준다. 자기를
이룸은 인(仁)이고, 남을 이루어 줌은 지(知)다. 성(性)의 덕(德)이 안과 밖
을 하나 되게 만드는 길이다. 그러므로 때에 맞게 두어야 마땅하다.

번안　진실은 우리의 본성이 실현된 것을 의미한다. 그러나 도덕법칙은
우리들의 본성이 실현할 법칙임을 의미한다. 진실은 곧 존재의 시작
이고 결과다. 실제적 본질인 진실이 없으면 존재도 없다. 그러므로 윤
리도덕적 인간은 진실을 중요하게 여긴다.
진실은 우리 자신의 본성을 실현하는 일만을 가리키는 것은 아니다.
오히려 이로부터 우리 자신의 바깥에 있는 사물이 존재할 수 있게 만
드는 것이다. 우리의 본성 실현은 다름 아닌 도덕적 정감이다. 우리의
바깥에 있는 사물이 존재할 수 있게 하는 것이 지혜이다. 도덕적 정감

과 지혜는 우리 본성의 힘이거나 능력이다. 그것이 합쳐서 내재적 힘 또는 주관적 능력이 되거나 외재적 힘 또는 객관적 사상의 힘으로 작용한다. 그러므로 진실을 소유하면 모든 일과 사물에서 모두 정당하게 될 것이다.

해설 '하늘은 스스로 돕는자를 돕는다(Heaven helps those who help themselves)'라는 유명한 격언이 있다. 스스로 노력하는 사람을 성공하게 만든다는 의미다. '성(誠)'이나 '도(道)'가 그 근거이자 바탕인 듯하다. 어떤 일을 이루기 위해서는 무엇보다도 세계에 대한 인식과 자신의 열정, 진취적 노력이 중요하다.

주자는 다음과 같이 말했다. "성(誠)은 자기완성의 바탕이다. 하지만 그것이 나에게 체득되었을 때 진실하고 거짓 없는 성이다. 그런 성은 자연스럽게 나와 마주하는 대상에 미쳐 나갈 수 있다. 자기를 중심으로 말하면, 나라는 우주자연의 이치, 그 본성을 다하는 일이고, 털끝만큼의 사사로운 욕심이나 허위가 없다. 그런 상태를 '인(仁)'이라 한다. 상대를 완성시키는 차원에서 말하면, 대상 하나하나에 붙어 저마다의 본성과 도리에 합당하게 만드는 일, 그것을 '지(知)'라고 한다."

제26장

故至誠無息. 不息則久, 久則徵, 徵則悠遠, 悠遠則博厚, 博厚則
高明. 博厚, 所以載物也; 高明, 所以覆物也; 悠久, 所以成物也.
博厚配地, 高明配天, 悠久無疆.
如此者, 不見而章, 不動而變, 無爲而成.
天地之道, 可一言而盡也. 其爲物不貳, 則其生物不測.
天地之道: 博也, 厚也, 高也, 明也, 悠也, 久也. 今夫天, 斯昭昭
之多, 及其無窮也, 日月星辰繫焉, 萬物覆焉. 今夫地, 一撮土
之多, 及其廣厚, 載華嶽而不重, 振河海而不洩, 萬物載焉. 今夫
山, 一卷石之多, 及其廣大, 草木生之, 禽獸居之, 寶藏興焉. 今
夫水, 一勺之多, 及其不測, 黿鼉蛟龍魚鼈生焉, 貨財殖焉.
『詩』云: "維天之命, 於! 穆不已." 蓋曰天之所以爲天也. "於乎不
顯, 文王之德之純." 蓋曰文王之所以爲文也, 純亦不已.

직역 그러므로 지성(至誠)은 쉼이 없다. 쉬지 않으면 오래 지속하고, 오래 지속하면 징험(徵驗)이 나타나고, 징험이 나타나면 여유 있고 오래하고, 여유 있고 오래하면 넓고 두텁고, 넓고 두텁게 되면 높고 밝다. 넓고 두터움은 물건을 실어 주는 근거이고, 높고 밝음은 물건을 덮어 주는 근거이며, 여유 있고 오래함은 물건을 이루어 주는 근거이다. 넓고 두터움은 땅을 짝하고, 높고 밝음은 하늘과 짝하며, 여유 있고 오래함은 다함이 없다.

이와 같은 자는 보여주지 않아도 드러나며, 움직이지 않아도 바뀌며, 함이 없이도 이룬다.

천지(天地)의 도(道)는 한마디 말로써 다할 수 있다. 그 물건 됨이 변치 않으니, 물건을 내는 것이 헤아릴 수 없다.

천지의 도는 넓고 두텁고 높고 밝고 여유 있고 오래 지속한다. 이제 하늘은 이 맑고 빛나는 투명한 공간이 많이 모인 것인데, 그 무궁(無窮)함에 미쳐서는 해와 달, 별과 별자리가 매여 있고, 만물이 덮여 있다. 이제 땅은 한 줌의 흙이 많이 모인 것인데, 그 넓고 두터움에 미쳐서는 화산(華山)을 싣고 있으면서도 무겁게 여기지 않고, 하해(河海)를 거두어 있으면서도 새지 않으며, 만물이 실려 있다. 이제 산은 자잘한 돌이 많이 모인 것인데, 그 넓고 큼에 미쳐서는 초목(草木)이 생장하고 금수(禽獸)가 살고 보물(寶物)이 나온다. 이제 물은 한 잔의 물이 많이 모인 것인데, 그 측량할 수 없음에 미쳐서는 자라와 악어, 이무기, 물고기 등이 자라며 재화(財貨)가 번식된다.

『시경』에서 "하늘의 명(命)이, 아! 심원(深遠)하여 그치지 않는다."라고 했으니, 이는 하늘이 하늘이 된 근거를 말했다. "아! 드러나지 않는가, 문왕(文王)의 덕(德)의 순수함이여!"라고 했으니, 이는 문왕(文王)이 문(文)이 된 근거가 순수함이 또한 그치지 않음을 말한 것이다.

번안 절대적 진실은 훼손하거나 없앨 수 없다. 훼손하거나 없앨 수 없기 때문에 영원하다. 영원하기 때문에 그것은 저절로 존재한다. 저절로 존재하기 때문에 그것은 무한하다. 무한하기 때문에 그것은 넓고 깊다. 넓고 깊기 때문에 그것은 선험적이며 지혜롭다. 넓고 깊기 때문에 모든 존재를 포함한다.

그것은 선험적이면서 지혜롭기 때문에, 그것은 모든 존재를 용납한다. 그것은 무한하고 영원하기 때문에, 그것에는 모든 존재가 가득 차 있다. 넓고 깊다는 측면에서 그것은 마치 땅과 같다. 선험적이면서 지혜롭다는 측면에서 그것은 마치 하늘과 같다. 무한하고 영원한 만큼 그것은 저절로 무한하다. 절대적 진실은 이러한 본성이 있다. 그것은 비록 선명하지 않지만 오히려 자기 자신을 드러낸다. 그것은 어떠한 행위가 없지만 오히려 효과를 만들어낸다. 그것은 의식하는 바가 없지만 오히려 자기 자신이 바라는 결과를 달성한다.

대자연의 발전하고 또 발생하는 작용이 항상 변함없는 이치는 한 마디 말로 개괄하여 말할 수 있다. 그것은 오직 자기 자신의 목적을 위해 존재하는 것이지만, 의심하거나 숨겨야 할 이유나 동기가 없다. 그러므로 그것이 만물을 창조하는 방식은 깊고 깊어서 헤아릴 수 없다. 대자연은 넓고 깊고 높고 지혜롭고 무한하고 영원하다. 하늘이 우리 앞에 드러내 준 것은 단지 밝게 빛나고 화려한 것이다.

그러나 그것들의 헤아릴 수 없음과 해·달·별들이 허공에 걸려 있고, 만물이 모두 그 가운데 내포되어 있음을 깨달을 것이다. 땅이 우리 앞에 드러낸 것은 단지 한 줌의 흙이다. 그러나 그 모든 넓고 두터움을 깨달을 수 있다. 그것은 거대한 히말라야 산을 받아들이면서도 산의 무게를 느낄 수 없는 것과 같다. 강물과 바다가 강렬하게 그것을 씻어 내지만, 오히려 그것에 침투하여 들어감을 유발할 수 없다. 높은 산이 우리 앞에 드러내 준 것은 단지 한 무더기의 바위이다. 그러나 그 규모의 넓이를 깨달을 수 있다. 초목과 식물이 그 위에 자라고, 새들과 짐승들이 그 안에 살고, 보석과 재물은 그 가운데서 찾을 수 있다. 물이 우리 앞에 드러내 준 것은 단지 한 숟가락의 액체일 뿐이다.

그러나 그 무한한 깊이를 깨달을 수 있다. 조개류, 어류, 파충류와 같은 동물들, 그리고 기타 매우 쓸모가 있는 사물들이 그 가운데서 번성하게 자란다.

『시경』에서 말했다. "하나님의 법령은 불가사의 하며, 아울러 지속적이고 영원하도다." 이 시는 그것이 곧 하나님의 본성임을 일러 준다. 또 『시경』에서 말했다, "얼마나 우수한가, 문왕의 도덕적 성취여!" 이 시에서 말하는 것은 문왕의 고상한 특성이다. 그만큼 도덕적 성취는 영원히 사라지지 않는다.

해설 끝없이 성실하게, 모든 사람을 자라게 하고 발전하게 만드는 힘이 성(誠)이다. 모든 사물을 낳고 기르고 더욱 번성하게 만들어, 인류의 역사와 문화를 발전시키는 절대선의 도리가 천도(天道)다. 그런데 이 오묘한 자연스러움은 불가사의(不可思議)하다. 오묘한 힘의 세계다. 구홍밍도 톨스토이의 언표를 제시한다. 톨스토이가 말했다. "그 배후에서 지속적으로 효용을 발생하는 힘을 소유한 사람들을 연구해보면, 이러한 사람들은 어찌하여 그들의 개성을 정복하여 이성으로 치닫게 할 수 있는지, 또 사랑하는 삶 가운데 몸을 던졌을 때, 전혀 의혹을 느끼지 못하며, 또 생활이 무너질 수 있음에 대해 전혀 의심하지 않는지, 우리는 이런 불가능성을 볼 수 있다."

제27장

大哉, 聖人之道! 洋洋乎, 發育萬物, 峻極于天. 優優大哉! 禮儀
三百, 威儀三千, 待其人而後行. 故曰: "苟不至德, 至道不凝焉."
故君子 尊德性而道問學, 致廣大而盡精微, 極高明而道中庸, 溫
故而知新, 敦厚以崇禮.
是故居上不驕, 爲下不倍. 國有道, 其言足以興; 國無道, 其黙 足
以容.『詩』曰: "旣明且哲, 以保其身." 其此之謂與?

직역 위대하다, 성인(聖人)의 도(道)여! 흘러넘쳐 만물을 발육하여 높음이 하늘에 다하였다. 우아하고 성대하도다! 예의(禮儀)가 3백 가지이고, 위의(威儀)가 3천 가지다. 그 훌륭한 사람을 기다린 뒤에 행해진다. 그러므로 "만일 지극한 덕(德)이 아니면 지극한 도(道)가 모이지 않는다."고 말한 것이다.

그러므로 군자(君子)는 덕성(德性)을 높이고 문학(問學)을 말미암으니, 광대(廣大)함을 지극히 하고 정미(精微)함을 다하며, 고명(高明)을 다하고 중용(中庸)을 따르며, 옛 것을 잊지 않고 새로운 것을 알며, 후(厚)함을 두터이 하고 예(禮)를 높인다.

그러므로 윗자리에 앉아서는 교만하지 않고, 아랫사람이 되어서는 배반하지 않는다. 나라에 도(道)가 있을 때는 그 말이 충분히 흥기시킬 수 있고, 나라에 도가 없을 때는 그 침묵이 충분히 몸을 용납할 수 있다. 『시경』에 말했다. "이미 밝고 또 밝아 그 몸을 보전한다." 이 시는 이를 말했을 것이다.

번안 아! 인류의 신성한 도덕법칙은 얼마나 위대한가! 그것은 모든 창조물에 기원과 생명을 부여한다. 그것은 높이 솟아 하늘로 들어가고 가장 높은 곳에 곧바로 이르렀다. 그것은 얼마나 기이하고 오묘하며 위대한가! 인류의 모든 사회와 문명의 체계, 즉 법칙이나 관습, 그리고 풍토는 모두 여기에서 기원한다. 누군가 여러 가지를 실천하는 대가를 지불해야만 이러한 체계는 비로소 확립될 수 있다. 왜냐하면 속담에 말하기를 "가장 높은 도덕적 힘이 있어야 한다. 그렇지 않으면, 가장 높은 도덕법칙은 실현될 수 없다"라고 하였기 때문이다. 그러므로 도덕적인 인간은 그 도덕의 본성적 위대함과 힘을 지키고 따르는 것은 물론이고, 이밖에 또 지식에 대한 갈망과 추구를 소홀히 하지 않는다. 그는 지식의 범위를 넓힘과 동시에 가장 미세하고 정밀한 부분에서 정확함을 추구하여 획득하려고 한다. 그가 가장 높고 깊은 사물을 추구하여 이해하려고 할 때, 그는 또 간소하고 일상적인 도덕질서에 부합되는 삶을 지속하려고 한다. 이미 얻은 지식을 오늘 반복적으로 익힐 때, 그는 새로운 지식으로 그것을 보충한다. 그는 성실하고 소박하게 사회생활 속에서 법칙과 풍습을 지키고 따른다. 이 때문에 그의 몸이 권력 있는 지위에 있을 때, 그는 교만하지 않는다. 그의 몸이 아래 지위에 있을 때, 그는 윗사람을 거스르지 않는다. 국가에 도덕적 사회질서가 존재할 때, 그가 한 말은 장차 국가에 유익할 것이다. 그러나 국가에 도덕적 사회질서가 없을 때, 그의 침묵은 그가 태연한 삶을 유지하기에 충분하다. 『시경』에서 말했다. "지혜와 훌륭한 이성을 소유한 자는, 그의 삶이 위험과 해로움을 멀리하도록 자신을 보호한다" 이것이 곧 도덕적인 사람에 대한 서술이다.

해설 구훙밍은 칸트의 『실천이성비판』에서 다음과 같은 표현을 인용하여 설명했다. "두 가지 물건이 있다. 우리가 자주하고, 오래도록 생각할수록, 그것은 우리 마음을 더욱 새로운 것으로 가득 차게 한다. 점점 더 우러러보고 경외하게 만든다. 그것은 곧 우리 머리위의 별처럼, 하늘과 마음속의 도덕법칙이다."

▶ 제28장

子曰: "愚而好自用, 賤而好自專, 生乎今之世, 反古之道, 如此者, 災及其身者也."
非天子不議禮, 不制度, 不考文. 今天下 車同軌, 書同文, 行同倫. 雖有其位, 苟無其德, 不敢作禮樂焉; 雖有其德, 苟無其位, 亦不敢作禮樂焉."
子曰: "吾說夏禮, 杞不足徵也; 吾學殷禮, 有宋存焉. 吾學周禮, 今用之, 吾從周.

직역 공자께서 말씀하셨다. "어리석으면서 자기 의견을 쓰기 좋아하며, 천하면서 제멋대로 하기를 좋아하고, 지금 세상에 태어나 옛날 방식으로 돌아가려고 하면, 이와 같은 자는 재앙이 그 몸에 미친다."

천자(天子)가 아니면 예(禮)를 논하지 못하고, 도(度)를 만들지 못하고, 문(文)을 살펴보지 못한다. 지금 세상에는, 수레는 그 바퀴의 치수가 같고, 글은 문자가 같으며, 행동은 차례가 같다.

비록 그 지위를 갖고 있으나 만일 그 덕이 없으면 감히 예악을 제정하지 못하며, 비록 그 덕이 있으나 그 지위가 없으면, 또한 감히 예악을 제정하지 못한다.

공자께서 말씀하셨다. "내가 하(夏)나라 예(禮)를 말할 수 있으나 기(杞)나라가 충분히 증명해 주지 못하고, 내가 은(殷)나라 예를 배웠는데 송(宋)나라에 남아있다. 내가 주(周)나라 예를 배웠는데 지금 이것을 쓰고 있으니, 나는 주나라를 따르겠다."

번안 공자가 말했다. "어떤 사람이 명백히 어리석은데 오히려 특별히 자신의 판단을 유지하는 것을 좋아한다. 명백히 신분이 낮은데 오히려 특별히 높은 지위에 있는 것처럼 꾸미기를 좋아한다. 명백히 현재의 시대에 살고 있는데 오히려 고대의 생활방식을 회복하려고 한다. 이러한 사람은 장차 자기 자신에게 재난을 불러올 것이다."

제국의 가장 높은 자리에 있지 않는 이상, 어떤 사람이건 이미 만들어진 종교와 사회체계를 함부로 간섭할 수 없다. 새로운 정치모델을 도입할 수도 없다. 언어의 양식이거나 사용방법을 바꿀 수도 없다. 지금 온 나라의 모든 말과 수레는 그것들이 제정된 일정한 모양과 규격, 치수에 기준이 있다. 쓰는 방식도 통일되어 문자와 부호로 써야 한다. 뿐만 아니라 모든 생활에서도 이미 확립된 동일한 원칙을 인정한다. 한 사람이 비록 제국의 가장 높은 원수의 자리에 있다고 할지라도, 만약 그가 참여하는 일에 부합되는 도덕품성을 갖추지 못했다면, 그는 장차 이미 세워진 도덕과 종교체계를 수정하는 일을 할 수 없을 것이다. 혹시, 그 일에 부합되는 도덕품성을 갖추었다고 하더라도, 그가 제국의 가장 높은 원수의 자리에 있어야 할 것이다. 그렇지 않으면, 이미 세워진 도덕과 종교체계를 수정하는 일을 할 수 없다.

공자가 말했다. "나는 일찍이 하(夏)나라의 도덕과 종교체계를 이해하려고 했다. 그러나 지금의 기(杞)나라에 남아 있는 그러한 체계는 나에게 실마리를 주기에 부족했다. 내가 일찍이 은(殷)나라의 도덕과 종교체계를 연구하려고 했다. 그러한 체계는 여전히 지금 송(宋)나라에 보존되어 있다. 나는 일찍이 지금 주(周)나라의 도덕과 종교체계를 연구하려고 했다. 그것들은 지금도 여전히 쓰이고 있다. 실천 속에서 나는 주나라의 모델을 수용했다."

해설 구훙밍은 앞에서 언급한 영국의 역사가 프루드 선생의 언표를 인용하여 이 구절을 인식한다. "그것에 기대면, 오랜 세월을 거쳐 이미 확립된 습관이거나 정신적 규범들 가운데 살아있는 진리의 존재를 발견할 수 있다. 만약 그 규범을 발견하지 못했거나 존중하지 않는다면, 당신이 급선무로 해결해야 할 문제들이 어떤 것인지를 알지 못할 것이다."

제29장

王天下, 有三重焉, 其寡過矣乎!
上焉者, 雖善無徵, 無徵不信, 不信, 民弗從. 下焉者, 雖善不尊,
不尊不信, 不信, 民弗從.
故君子之道, 本諸身, 徵諸庶民, 考諸三王而不謬, 建諸天地而
不悖, 質諸鬼神而無疑, 百世以俟聖人而不惑. '質諸鬼神而無
疑', 知天也. '百世以俟聖人而不惑', 知人也.
是故君子動而世爲天下道, 行而世爲天下法, 言而世爲天下則.
遠之則有望, 近之則不厭.
『詩』曰: "在彼無惡, 在此無射, 庶幾夙夜, 以永終譽."
君子未有不如此而蚤有譽於天下者也.

직역 세상을 다스리는 데 세 가지 귀중한 것이 있으니, 이를 잘 실천
하면 허물이 적을 것이다.

옛날 것은 비록 좋으나 증거로 내세울만한 것이 없으니, 근거할 것이
없기 때문에 믿지 않고, 믿지 않기 때문에 백성이 따르지 않는다. 아
래에 있는 자는 비록 잘 하지만 높지 못하니, 높지 못하기 때문에 믿
지 않고, 믿지 않기 때문에 백성이 따르지 않는다.

이 때문에 군자의 도(道)는 자기 몸에 근거하여 여러 백성에게 징험하
며, 삼왕(三王)에게 상고해도 틀리지 않으며, 천지(天地)에 세워도 어그
러지지 않으며, 귀신(鬼神)에게 질정(質正)해도 의심이 없으며, 백세(百

世) 이후의 성인(聖人)을 기다려도 의혹(疑惑)되지 않는다. 귀신에게 질정해도 의심이 없음은 하늘을 아는 일이고, 백세 이후의 성인을 기다려도 의혹되지 않음은 사람을 아는 일이다.

그러므로 군자는 움직이면 대대로 천하의 도가 되고, 행하면 대대로 천하의 법이 되며, 말하면 대대로 천하의 준칙이 된다. 멀리 있으면 우러러봄이 있고, 가까이 있으면 싫지 않다.

『시경』에 말했다. "저기에 있어도 미워하는 사람이 없으며, 여기에 있어도 싫어하는 사람이 없다. 일찍 일어나고 밤늦게 자서 명예를 길이 마친다."

군자가 이렇게 하지 않고서 일찍이 세상에 명예를 둔 자는 있지 않다.

번안 세계를 지배하는 통치권을 얻으려면, 세 가지 일은 반드시 필요하다. 그것을 제대로 실천했을 경우, 다음과 같은 한마디로 요약할 수 있다. '삶에 잘못이 생길 수 없다!'

하나의 도덕적 진리를 대변하는 이론을 두고, 그것이 얼마나 뛰어난 사안이건, 그것이 초자연적 권위를 대변하는 것이라면, 그것은 곧 경험으로 실증할 수 없을 것이다. 만약 그것을 경험으로 실증할 수 없다면, 널리 신뢰를 얻을 방법이 없으며, 사람들은 영원히 그것을 따르지 않을 것이다. 하나의 도덕적 진리를 대변하는 이론을 두고, 그것이 얼마나 뛰어난 사안이건, 그것이 단지 세속적인 세계의 권위를 대변하는 것이라면, 그것은 장차 존중을 얻을 수 없을 것이다. 만약 그것이 존중을 얻을 수 없다면, 신뢰를 얻지 못할 것이다. 만약 그것이 신뢰를 얻을 수 없다면 사람들은 영원히 그것을 따르지 않을 것이다.

그러므로 어떠한 도덕법칙의 체계든지, 반드시 사람들 자신이 의식할 수 있는 것에 기반을 두어야 한다. 그것은 반드시 사람들이 보편적 경험으로 체험하여 증명할 수 있는 것이어야 한다. 그것을 가지고, 세상의 모든 사람들이 받아들일 수 있는 과거의 위대한, 명철한 사람들의 학설과 비교한다면, 당신은 그 사이에 다른 관점이 없음을 발견할 것이다. 그것을 우주자연의 운행과 작용의 과정 가운데 적용해 보아도, 반드시 모순이 발견되지 않을 것이다. 우주의 영험한 힘을 마주하게 되면, 사람은 반드시 그것을 지키면서도 곤혹스럽다고 느끼지 못할 것이다. 그는 필연코 아무런 주저함도 없이 기다릴 준비를 할 것이다. 그리고 백세 이후, 완전히 신성한 본성을 가진 사람이 오기를 기다릴 것이다. 그가 우주의 영험한 힘을 마주하면서 전혀 곤혹스럽다고 느끼지 못했던 이 사실은, 하나님을 이해하는 그의 의지가 반영된 것이다. 그는 전혀 아무런 주저함도 없이 기다릴 준비를 했고, 백세 이후, 완전히 신성한 본성을 가진 사람이 오기를 기다린다는 이 사실은, 곧 그가 인간의 본성을 알고 있음을 말한다.

그러므로 진정으로 위대한 도덕적 인간은 그의 삶 속에 자리한 모든 행위가 백 세대의 모범이 된다. 그가 한 모든 일은 백 세대의 기준이 된다. 그가 말한 모든 말들은 백 세대의 법칙이 된다. 그와 멀리 떨어져 있고, 또 그를 알지 못하는 사람들은 그를 존경할 것이고, 그의 주변에 있으면서 그를 아는 사람들은 그를 버리지 않을 것이다.

『시경』에서 말했다. "그곳에서 그들은 그가 아무런 잘못이 없음을 발견한다. 여기에서 그들은 그를 영원히 환영한다. 낮이 반복되고 밤이 반복되어도 그를 찬송하는 말은 영원히 끊이지 않을 것이다."

그러므로 도덕적인 인간은 다른 사람이 이렇게 서술하는 것을 알았다. 그렇지 않으면 이 세계에 그의 도덕성품에 대해 곧바로 인정을 받을 방법이 없었을 것이다.

해설 고대 사회에서 최고지도자에게는 세 가지 주요한 임무가 부여되어 있었다. 그것은 지도자를 중심으로 뭉쳐야 하는 사회 운용체계와도 연관된다. 국가는 군주를 중심으로 뭉치고, 천하(天下)는 천자(天子)를 중심으로 하나로 뭉쳐야 한다.

여기에서 최고지도자인 천자는 천하의 '예법'과 '제도', '문자', 이 세 가지를 통일해야만 했다. 그래야 사람들이 동일한 문화제도 아래서 살게 된다. '예법'과 '제도', '문자'를 현대적으로 대비하면, 다음과 같이 이해할 수 있다.

예법은 사회를 지속해 나가는 데 필요한 정신적 틀이다. 그 내용의 핵심은 윤리 도덕적 행동 규범이고, 의식이나 예식의 형태로 드러난다. 지도자는 그것에 대해 신중히 논의하고 통일해야 하는 책무성이 있다.

제도는 사회를 지속해 나가는데 필요한 형식적 체계다. 일반적으로 법률이나 기구, 조직 등의 형태로 드러난다.

문자는 사회를 지속해 나가는 내용과 형식을 기술하는 데 필요한 소통의 체계다. 일반적으로 교육문화와 직결되고, 과학기술문명을 살피고, 보다 나은 양식으로 개혁하거나 향상시키는 데 이바지한다.

▶ 제30장

仲尼祖述堯舜, 憲章文武, 上律天時, 下襲水土. 辟如天地之無
不持載, 無不覆幬. 辟如四時之錯行, 如日月之代明.
萬物竝育而不相害, 道竝行而不相悖. 小德川流, 大德敦化, 此
天地之所以爲大也.

직역 중니(仲尼)는 요·순을 조종(祖宗)으로 삼아 전술하고, 문왕·무왕
을 본받으며, 위로는 천시(天時)를 따르고, 아래로는 지리를 따랐다.
비유하면 하늘과 땅이 실어주지 않음이 없고 덮어주지 않음이 없는
것과 같다. 비유하면 사계절이 바뀌어 나감과 같고, 해와 달이 바뀌면
서 밝음과 같다.
만물(萬物)이 함께 길러져 서로 해치지 않고, 도(道)가 함께 행해져 서로
위배되지 않는다. 작은 덕(德)은 냇물의 흐름이고, 큰 덕(德)은 화(化)를
두터이 하니, 이는 천지가 위대함이 되는 것이다.

번안 공자가 전수한 진리는 고대의 요임금과 순임금으로부터 전수받
은 것이다. 또한 고대 문왕과 무왕이 확립한 도덕법칙의 체계를 수용
하여 그것을 온전하고 아름답게 보완하였다. 공자는 그들이 확립한
도덕법칙의 체계는 하나님께서 통제하시는 계절변화의 신성한 질서
와 일치하며, 또 대지의 위에 있는 대자연의 물과 흙 가운데 구현된
도덕목적과 서로 조화를 이룬다는 점을 보여 주었다. 이러한 도덕법

칙은 하나의 체계를 이루었다. 이러한 법칙에 따라 하늘과 땅을 받쳐 주고 포용하며, 또 만물을 덮어 주고 가려 준다. 이러한 도덕법칙 또한 똑같은 하나의 체계를 이루었다. 이러한 법칙을 통해 계절은 번갈아 바뀌고 해와 달은 번갈아 뜨고 진다.

바로 이러한 동일한 법칙체계를 통해 창조된 만물은, 각기 자기질서와 시스템 가운데서 생겨나고, 자신을 발전시키면서, 서로 해치지 않는다. 대자연의 운행은 저절로 그러함을 따르면서, 충돌하거나 혼란한 상황을 나타내지 않는다. 창조된 사물의 작은 힘은 마치 물이 흘러가듯 사방으로 흐르고, 위대한 힘은 소리 없이 영원히 운행된다. 만물을 운행하는 이런 체계는, 우주의 위대함이 이와 같음을 눈에 띄게 보여주었다.

해설 공자가 요임금과 순임금이 실천했던 삶의 양식을 계승하고, 문왕과 무왕의 사회 문화 제도를 모범으로 세상에 교육을 베푼 내용을 밝혔다. 이는 유학의 도통과도 연관된다.

도통의 인식과 그 교육의 원칙은 내면적으로 천도(天道)·천리(天理)를 근거로 하고, 외형적으로 인간의 언행과 학문 사상의 가르침을 설정했다. 그 논리는 단순하다. 하늘이 위에서 천리(天理)인 성(誠), 즉 우주자연의 생명력을 내려주면, 땅이 이 에너지의 활력을 받아 모든 사물을 그 위에 싣고 번식하게 만든다. 그리고 봄-여름-가을-겨울로 사계절이 바뀌고 밤-낮으로 하루가 교체를 거듭하면서, 시간과 세월이 흐름에 따라, 우주자연의 천지만물이 더욱 번식하고, 인류의 문명·문화도 점차 진보한다.

제31장

唯天下至聖, 爲能. 聰明睿知, 足以有臨也; 寬裕溫柔, 足以有容也; 發强剛毅, 足以有執也; 齊莊中正, 足以有敬也; 文理密察, 足以有別也.

溥博淵泉, 而時出之. '溥博'如天, '淵泉'如淵.

見而民莫不敬, 言而民莫不信, 行而民莫不說. 是以聲名洋溢乎中國, 施及蠻貊, 舟車所至, 人力所通, 天之所覆, 地之所載, 日月所照, 霜露所隊, 凡有血氣者, 莫不尊親. 故日'配天'.

직역 오직 천하의 지극한 성인이어야 능숙할 수 있다. 총명과 예지가 충분히 임할 수 있고, 관유와 온유한 태도로 충분히 용납함이 있으며, 강함을 발휘하고 굳센 자세로 충분히 잡음이 있고, 단정하고 장중하며 곧음으로 충분히 공경함이 있으며, 학문이나 글로 세밀하게 살펴 충분히 분별함이 있는 것이다.

두루 돌고 넓게 퍼지며 샘이 솟는 것처럼 때맞추어 나온다. 두루 돌고 넓게 퍼짐은 하늘과 같고, 샘이 솟는 것은 연못과 같다.

나타남에 백성이 공경하지 않는 이가 없고, 말함에 백성이 믿지 않는 이가 없고, 행함에 백성들이 기뻐하지 않는 이가 없다. 이 때문에 명성이 나라 가운데 넘쳐 퍼지고 주변 오랑캐에 뻗쳐서, 배나 수레가 이르는 곳, 사람의 힘으로 갈 수 있는 곳, 하늘이 덮고 있는 곳, 땅이 싣고 있는 곳, 해와 달이 비추는 곳, 서리와 이슬이 내리는 곳, 모든 혈기를 가진 것들이 존경하고 친애하지 않음이 없다. 그러므로 하늘을 짝한다고 말한다.

번안 가장 완벽하고 아름다운 도덕적 본성을 가진 사람만이 마음속에 민첩하게 깨닫는 능력, 지혜, 통찰력과 이해, 즉 국면을 통제하기 위해 필요한 성품을 동시에 가질 수 있다. 넓은 아량, 후한 성품, 인자함, 다정함은 포용에 필요한 성품이다. 창조력, 활력, 성격의 힘, 결단력은 인내에 필요한 성품이다. 위엄, 고귀한 엄숙함, 질서 있는 규칙적인 느낌은 비판적 판단의 실행에 필요한 성품이다. 그러므로 모든 것과 넓은 것을 포괄하는 것이 곧 이러한 사람의 본성이다.

그것은 심오하고 해박하며, 또 마치 살아 있는 샘물처럼 생명과 활력으로 넘쳐 영원히 마르지 않는다. 넓은 것 모두를 포괄하는 것은 마치 하늘과 같다. 심오하고 해박하며 무궁무진한 것은 깊은 연못 같다.

이러한 사람이 일단 세상에 나타나면, 모든 사람은 그를 숭배할 것이다. 그가 무슨 말을 할지라도 모든 사람들이 믿을 것이다. 그가 어떤 일을 할지라도 모든 사람들이 즐거워할 것이다. 이와 같이 그의 명성은 장차 모든 문명세계에 전파될 것이며, 심지어는 미개한 나라에까지 뻗어나갈 것이다. 수레와 배가 이를 수 있으면 어디든지, 사람의 노동과 사업이 이를 수 있으면 어디든지, 하늘이 아래를 덮어주는 곳과 대지가 위를 받쳐주는 곳은 어디든지, 해와 달이 비춰주는 아래라면 어디든지, 서리와 이슬이 내리는 곳이라면 어디든지, 그 모든 곳에, 무릇 생명이 있고 숨을 쉬는 사람들이 있는 곳이라면, 누구나 그를 존경하고 열렬히 사랑할 것이다. 그러므로 "그는 곧 하나님과 같다."고 말할 수 있다.

해설 공자를 하늘과 짝지어서 높인 글이다. 그것은 가장 아름다운 도덕적 본성을 지니고 있다는 의미에서 '지성(至聖)'으로 표현된다. 구홍밍은 유학의 '공자'를 기독교의 '하나님'과 같은 수준으로 변안해 놓았다. 모든 사람이 공경하고 신뢰하며 사랑하는 존재다. 이런 논리에서 보면, 공자는 중국뿐만 아니라 온 세계의 인류에게 영향력을 미치는 하느님 같은 성인이다.

▶ 제32장

唯天下至誠, 爲能經綸天下之大經, 立天下之大本, 知天地之化育.
夫焉有所倚? 肫肫其仁! 淵淵其淵! 浩浩其天! 苟不固聰明聖知
達天德者, 其孰能知之?

직역 오직 천하(天下)에 지극히 성실한 분이어야, 세상의 대경(大經)을
경륜하고, 세상의 대본(大本)을 세우며, 천지(天地)의 화육(化育)을 알
수 있다.
어찌 다른 데 의지할 것이 있겠는가? 믿음직한 덕성이여! 깊고 고요
한 연못이! 넓고 높은 하늘이로다! 진실로 총명하고 지혜롭게 하늘의
덕(德)을 통달한 자가 아니면 그 누가 이것을 알겠는가?

번안 오직 이 세상에서 절대적 진리를 가진 사람만이 인류사회의 중
대한 관계들을 안배하여 조절할 수 있고, 도덕적 기반의 원칙을 확정
할 수 있으며, 우주창조의 법칙을 이해할 수 있다.
이러한 사람의 힘과 지식은 그 자신을 제외하고 또 어디에 근원하는
가? 그의 인자함은 언제나 얼마나 많은 사람들의 이목을 집중시키는
가! 그의 사상은 깊고 헤아릴 수 없음이 얼마나 심한가! 그의 신성한
천성은 얼마나 장엄하고 넓은가! 가장 완벽한 지혜, 가장 신성한 본
성과 사상을 부여받은 특성을 가진 사람이 아니고서, 누가 이러한 천
성을 이해할 수 있는가?

해설 기독교의 하나님과 동격으로 표현한 공자는 다양한 모습으로 우리 곁에 다가온다. 그 대표적 표현 가운데 하나가 '지성'이다. '지성(至聖: 至誠)'은 한자로 표기할 때, 또 다른 옷을 입고 우리 앞에 선다. 앞의 제31장에서는 '가장 아름다운 도덕적 본성을 지니고 있다'는 의미에서 '지성(至聖)'으로 상징되었다. 여기 제32장에서는 '세상에서 절대적 진리를 가지고 있다'는 뜻에서 '지성(至誠)'으로 존숭된다. 앞의 '지성(至聖)'이 '인간적 풍모'를 지닌 성스러운 영혼의 모습이라면, 뒤의 지성(至誠)은 그 자체가 우주자연과 동격이자 '삶의 근원적 에너지'를 함축한 신성(神性)의 경지다.

▶ 제33장

『詩』曰: '衣錦尙絅', 惡其文之著也. 故君子之道, 闇然而日章;
小人之道, 的然而日亡.

君子之道, 淡而不厭, 簡而文, 溫而理. 知遠之近, 知風之自, 知
微之顯, 可與入德矣.

『詩』云: "潛雖伏矣, 亦孔之昭."

故君子內省不疚, 無惡於志. 君子之所不可及者, 其唯人之所不
見乎?

『詩』云: "相在爾室, 尙不愧于屋漏."

故君子不動而敬, 不言而信.

『詩』曰: "奏假無言, 時靡有爭."

是故君子 不賞而民勸, 不怒而民威於鈇鉞.

『詩』曰: "不顯惟德, 百辟其刑之."

是故 君子篤恭而天下平.

『詩』云: "予懷明德, 不大聲以色." 子曰: "聲色之於以化民, 末
也.『詩』云: '德輶如毛.' 毛猶有倫. '上天之載, 無聲無臭.' 至矣."

직역 『시경』에서 '비단옷을 입고 홑옷을 덧입는다'라고 했는데, 그 문
채가 너무 드러남을 싫어해서다. 그러므로 군자의 도는 은은하되 날
로 빛나고, 소인의 도는 선명하되 날로 시들어진다.

군자의 도는 담박하되 싫지 않고, 간략하되 문채가 나며, 온화하되

조리가 있다. 먼 것이 가까운 데로부터 시작함을 알며, 바람이 일어남을 알며, 은미함이 드러남을 안다면, 더불어 덕에 들어갈 수 있다.

『시경』에서 말했다. "잠긴 것이 비록 엎드려 있으나 또한 매우 밝다." 그러므로 군자는 안으로 살펴보고 병폐가 없어 마음에 부끄러움이 없다. 군자가 미칠 수 없는 점은 사람들이 보지 않는 바에 있다.

『시경』에서 말했다. "네가 방안에 있는 것을 보니, 방 귀퉁이에서도 부끄럽지 않다."

그러므로 군자는 움직이지 않아도 공경하며, 말하지 않아도 믿게 한다.

『시경』에서 말했다. "제단에 나가 신령이 강림할 때 말없이 조용하다. 이에 다투는 이가 있지 않다."

그러므로 군자는 상을 주지 않아도 백성이 권면하며, 성을 내지 않아도 백성이 작두나 도끼보다 두려워한다.

『시경』에서 말했다. "드러나지 않는 덕을 모든 제후가 본받는다." 그러므로 군자는 공손함을 독실하게 하여 세상이 평온하게 한다.

『시경』에서 말했다. "나는 밝은 덕을 품는다. 큰 음성을 내지 않고 얼굴빛을 대단찮게 여겨서다." 공자께서 말씀하셨다. "큰 음성과 얼굴빛은 백성을 교육시키는데 지엽적인 사안이다." 『시경』에 '덕은 가볍기가 터럭과 같다.'고 했는데, 터럭도 오히려 비교할 만한 것이 있다. '하늘의 일은 소리도 없고 냄새도 없다.' 이는 최고의 경지다.

번안 『시경』에서 말했다. "그는 비단 두루마기 위에서 소박한 의상을 입었구나." 이러한 방식은 색채와 화려함으로 인한 드러남에 대한 혐오를 표현한 것이다. 그러므로 도덕적인 사람은 그 삶이 눈에 잘 띄지 않는다. 그러나 그가 지닌 무게나 의미는 오히려 날마다 드러난다.

반대로 저속한 사람의 삶은 오히려 자랑하는 것을 기뻐한다. 그러나 그 무게나 의미는 날마다 줄어들고 사라지고 없어져 허무함에 이른다. 도덕적 인간의 삶은 간단하다. 그러나 멋쩍지는 않다. 그는 소박하다. 그러나 오히려 우아한 멋으로 가득 찬다. 그것은 편안하면서도 조리가 있다. 큰일을 이루기 위해서는 작은 일부터 잘 해야 함을 그는 잘 알고 있다. 그는 큰 결과는 작은 원인들로 말미암아 이루어진 것임을 잘 알고 있다. 그러한 감지할 수 없는 사물의 증거와 존재를 그는 알고 있다. 그러므로 그는 사상과 도덕의 세계에 들어갈 수 있는 것이다.

『시경』에서 말했다. "물고기가 아무리 깊이 아래로 가서 앉더라도, 그것은 맑아서 분명히 볼 수 있다." 그러므로 도덕적인 사람은 반드시 자신의 마음을 살피고, 자책할 이유가 없는지 확인하여, 그의 사상 가운데 사악한 생각이 없도록 해야 한다. 도덕적인 사람이 다른 사람보다 뛰어난 부분은, 다른 사람들이 볼 수 없는 곳까지 힘쓰는 데 있다.

『시경』에서 말했다. "당신의 개인 방에서 비록 당신이 심판을 받고 있더라도, 당신이 부끄러워할 만한 일을 하지 않았음을 볼 것이다. 설사 천정만이 당신을 바라보고 있더라도." 그러므로 도덕적인 사람은 그가 아무것도 하지 않더라도 장엄하다. 그가 아무것도 말하지 않더라도 성실하다.

『시경』에서 말했다. "모든 엄숙한 의식은 조용히 소리 없이 진행된다. 그들의 마음 한가운데서 일찍이 이미 분쟁을 떨쳐 버려서다." 그러므로 도덕적인 사람은 보상으로 유혹할 필요도 없이 국민을 착하게 살도록 바꾸어갈 수 있다. 분노를 표출한 필요도 없이 그들이 경외심을 느낄 수 있도록 만들 수 있다. 가장 두려워하는 형벌을 사용하는 것보다 더욱 효과적이다.

『시경』에서 말했다. "그가 도덕적 성품을 드러내지 않아도 제후들은 오히려 그의 발자취를 따랐다." 그러므로 도덕적인 사람은 단지 진실하면서도 소박하며, 진정어린 삶을 통해 세계에 평화와 질서를 가져다 줄 수 있다.

『시경』에서 말했다. "나의 마음속에 착한 도덕품성을 보존한다. 그것은 억지로 요란스레 드러내어 자랑하기 위한 것이 아니다." 공자가 말했다. "인류를 혁신하는 여러 가지 방법 가운데, 억지로 아름다운 도덕은 그 가벼움이 머리털 같다." 그러나 머리털은 여전히 하나의 사물이다. "전지전능한 하나님께서 하시는 일은 이미 소리도 없고 냄새도 없다." 이보다 더욱 고급스러운 것은 없다.

해설　여기에서 『중용』은 종결된다. 제33장은 1장~32장에 이르는 『중용』 전편의 요약이다. 특히, 마지막 구절인 '상천지재(上天之載) 무성무취(無聲無臭)'는 『중용』 전체를 대변하는 듯하다. '하느님의 일은 소리도 없고 냄새도 없다!' 주자의 주석에 의하면, 소리와 냄새는 기(氣)만 존재하고 형체[形]가 없다. 물질 가운데 가장 미묘하다.

무성무취(無聲無臭)는 이 시끄러운 세상에 대한 엄중한 경고다. 혼란의 평정이다. 그 핵심은 자신을 수양하고 단련하는 공부로 귀결된다. 첫째, '돌이켜 그 근본을 구하라'는 '반구기본(反求其本)!' 둘째, '홀로 있을 때 삼가라'는 '근독(謹獨)!' 셋째, '자신의 덕을 내보이지 말라'는 독공(篤恭)!' 이 절대 고독의 정성 가운데로 교육이 투영되어야 한다.

구홍밍은 셰익스피어에 버금가는 영국의 시인 밀턴(John Milton, 1608~1674)의 시구로 『중용』 33장을 마무리한다.

"오직 내가 스스로 처신을 잘 한다면
모든 것은 여전히 내 엄격한 주인의 감독 아래 있으리라!"
요란스레 드러내며 자랑하지 말라. 그런 삶의 양식은 정말이지 엉터
리다!

THE UNIVERSAL ORDER OR
CONDUCT OF LIFE

The ordinance of God is what we call the law of our being(性). To fulfill the law of our being is what we call the moral law(道). The moral law when reduced to a system is what we call religion(敎).

The moral law is a law from whose operation we cannot for one instant in our existence escape. A law from which we may escape is not the moral law. Wherefore it is that the moral man(君子) watches diligently over what his eyes cannot see and is in fear and awe of what his ears cannot hear.

[Modern Science, which is supposed to teach Materialism, on the contrary really teaches the existence, reality and inexorability of law, which is not material but something which the eyes cannot see and the ears cannot hear. It is because he knows and is impressed with the reality and inexorability of law that the moral man lives a spiritual life and thereby becomes a moral man.]

There is nothing more evident than what cannot be seen by the eyes and nothing more palpable than what cannot be perceived by the senses. Wherefore the moral man watches diligently over his secret thoughts.

["Keep thy heart with all diligence, for out of it are the issues of life." - *Prov.* IV]
When the passions, such as joy, anger, grief and pleasure, have not awakened, that is our true self(中) or moral being. When these passions awaken and each and all attain due measure and degree, that is the moral order(和). Our true self or moral being is the great reality(大本 lit. great root) of existence, and moral order is the universal law(達道) in the world.

["our true self" — literally our central(中) inner self, or as Mr. Matthew Arnold calls it, "the central clue in our moral being which unites us to the universal order." Mr. Arnold also calls it our "permanent self". Hence, the text above says, it is the root of our being. Mr. Arnold says, "All the forces and tendencies in us are like our proper central moral tendency, in themselves beneficent, but they require to be harmonised with this central (moral) tendency." —*St. Paul and Protestantism*]

When true moral being and moral order are realised, the universe then becomes a cosmos and all things attain their full growth and development.

2

Confucius remarked: "The life of the moral man is an exemplification of the universal moral order. The life of the vulgar person, on the other hand, is a contradiction of the universal moral order.

"The moral man's life is an exemplification of the universal order, because he is a moral person who constantly lives his true self or moral being. The vulgar person's life is a contradiction of the universal order, because he is a vulgar person who in his heart has no regard for, or fear of, the moral law."

["The fool hath said in his heart, There is no God."]

3

Confucius remarked: "To find and get into the true central(中) balance of our moral being, *i.e.*, our true moral ordinary(庸) self, that indeed is the highest human attainment. People are seldom capable of it for long."

[Emerson says: "From day to day the capital facts of human life are hidden from our eyes. Suddenly the mist rolls up and reveals them, and we think how much good time is gone that might have been saved had any hint of these things been shown."]

Confucius remarked: "I know now why there is no real moral life. The wise mistake moral law to be something higher than what it really is; and the foolish do not know enough what moral law really is. I know now why the moral law is not understood. The noble natures want to live too high, high above their moral ordinary self; and ignoble natures do not live high enough, *i.e.*, not up to their moral ordinary true self.

"There is no one who does not eat and drink. But few there are who really know the taste of what they eat and drink."

[Goethe says: "O needless strictness of morality while nature in her kindly way trains us to all that we require to be! O strange demand of society which first perplexes and misleads us, then asks of us more than Nature herself!" — The moral law is the law of life, *i.e.*, the law of our moral nature; and moral nature, what we call our moral being, is nothing else but our true moral ordinary self. To live a moral life therefore means to live; to live, not as angels nor as brutes, but as natural ordinary reasonable human beings. But men in trying to to live too high, "to be unco' guid", to be more than nature requires them to be, lose the sense of reality, live in a world of self delusion so that they really do not live; in fact, do not know the taste of what they eat and drink.]

Confucius remarked: "There is in the world now really no moral social order at all."

[The word *tao* here means the moral law finding its expression in social order. Confucius in his time, as Carlyle or Ruskin in modem Europe, considered the world to have gone on a wrong track; the ways of men and constitution of society to be radically wrong.]

Confucius remarked: "There was the Emperor Shun. He was perhaps what may be considered a truly great intellect. Shun had a natural curiosity of mind and he loved to inquire into near facts(literally 'near words' meaning here ordinary topics of conversation in every day life). He looked upon evil merely as something negative; and he recognised only what was good as having a positive existence. Taking the two extremes of negative and positive, he applied the mean between the two extremes in his judgement, employment and dealings with people. This was the characteristic of Shun's great intellect."

[What is here said of the Emperor Shun in ancient China may be also said of the two greatest intellects in modern Europe, — Shakespeare and Goethe. The greatness of Shakespeare's intellect is to be seen in this: that in all his plays there is not one essentially bad man. Seen through Shakespeare's intellect, such a monster of wickedness of the popular imagination as King Richard the Hunchback, becomes not a villain who makes "damnable faces" , not even a really despicably bad man, but on the contrary, a brave heroic soul who is driven by his strong ill—regulated vindictive passions to awful acts of cruelty and finally himself to a tragic end. In fact, the tragedy of all Shakespeare's tragedies, as it is of real human life, is not the misery resulting from evil in man's nature; not the misery of essentially bad wicked men who do not exist except in the imagination of the man of small vulgar intellect; but the tragedy is the pitiful, pitiable misery and suffering of good brave heroic noble—minded men who are driven by their ill—regulated passions to tragic courses and to a tragic end. Herein then lies the greatness of Shakespeare's intellect. Now, if seen through the intellect of Shakespeare, a human monster of wickedness becomes merely a man with strong ill—regulated passions; the very Devil seen through the great intellect of the great Goethe, becomes not a monster of fire and brimstone, not even an evil spirit, but merely a spirit of negation(ein Geist der vermeint), in fact, merely a partial, incompletely developed nature. Goethe elsewhere says: "What we call evil in human nature is merely a defective or incomplete development, a deformity or malformation—absence or excess of some moral quality rather than anything positively evil." We can see now how deep and true is the insight of Confucius in pointing out in the text above that the true characteristic of a great intellect is ability to see only good and not evil in the nature of things.

Emerson also says: "We judge of a man's wisdom by the largeness of his hope." If this is true, then the prevalence of what is called pessimism in individuals as in nations is a sure sign of the unsoundness, defect or deformity of intellect.]

7

Confucius remarked: "Men al1 say 'we are wise; but when driven forward and taken in a net, a trap or a pit—fall, there is not one who knows how to find a way of escape. Men all say, 'we are wise'; but in finding the true central clue and balance in their moral being(*i.e.*, their normal, ordinary, true self) and following the line of conduct which is in accordance with it, they are not able to keep it for a round month."

[As in the preceding chapter the writer of this book, seeing that the anarchy and want of moral social order in the world is due to defect and unsoundness of intellect in men, quotes a saying of Confucius showing the true characteristic of a great whole and sound intellect; so in the present chapter he quotes another saying of Confucius showing the conceit and uselessness of the half intellect of so—called wise men in dealing with the deadlock in private or public affairs — deadlock as if caught in a net, a trap or a pit — fall into which the ill—regulated passions of men sometimes drive their own life or the world. Thus when the affairs of an individual get into and are in a mess or deadlock, the first thought which will naturally come into the man's head or mind is how to escape, to get out of the mess, out of the deadlock; and in the eagerness and excitement to get out of the mess, out of the momentary deadlock, the man is often, and naturally, tempted, especially if he is a clever man, to think of this or that or some clever dodge or contrivance which, instead of getting him out of the mess and deadlock, will only bring him into a greater mess and deadlock. It is for this reason that we often see at the present day that when the affairs of a nation or of the world are in a mess and deadlock there are always men who say they are wise men, who come forward with schemes of reform, learned, laborious. complicated, clever contrivances in the shape of machinery of legislation, taxation, adoption of the gold standard; or more ambitious still, metaphysical and mathematical methods of education, geometrical forms of constitution and, most amazingly wonderful of all, new rules of arithmetic to teach men how to take advantage of their neighbour without cheating him, called systems of political economy. But ignorant all such wise men are with all their cleverness and learning; ignorant and blind to the plain and simple fact that if you want a man to succeed in the reform of his affairs which are in a deadlock and mess, you must self—evidently first of all tell him how to reform the instrument with which he has to carry out that reform—the instrument, viz, the man himself. If the condition of the man's being, i.e., his character as well as his conduct, his way of feeling and thinking as well as his way of living and acting, is not in a state requiring reform, his affairs would not be in a state of mess and deadlock. But if the condition of the man's being is in a state really requiring reform, as is evident from the state of his affairs, it is surely of no earthly use for you to teach him complicated methods or any method how to deal with his affairs; in fact until the man whose affairs are in mess and deadlock, has put to right and reformed himself — his being — it is very self—evident that the poor man is not in a fit state, not to say, to carry out your [me and clever scheme for the reforms of his affairs, but even to see and understand the true and exact state of his affairs which are in a mess and deadlock so as to apply to it any sheme of reform whatever in such a way as to produce any effective or good result.

In other words, before a man or men in a nation undertake to carry out any scheme of reform in the state of his affairs or the affairs of a nation, he must first of all take in hand the reform of his or their own being and person. In short, moral reform must precede all and every other reform.

Therefore it is true that for individuals, for nations and for the world, when affairs are in a deadlock and mess there is only one true way of escape, and that way is so simple that, as Confucius says, how astonishing it is that so—called wise men with all their cleverness do not see it; in fact, the way is, in simple language, to get back the evenness of your temper and your calm judgement; to get back your true self, or in the words of Confucius, to find the central clue and balance in your moral being.

Moral reform therefore means simply to get back our true self. When a man or a nation of men whose affairs are in a mess and deadlock once recovers evenness of temper and calmness of judgement—once get back the true self— then and only then he or it will see and understand the true and exact state of his or its affairs. When a man or nation understands the true and exact state of his or its affairs he or it will then know what line of conduct to take which will fit with the present state of those affairs in order to bring them into order — into the true order and system of things in the universe; in fact to do what is called morally right and just. When a man has got hold of his true self, which enables him to see and do what is morally just and right, then not only men and things, but the whole universe, governed as it is by the same moral order, by the same order and system of things, will respond and obey; and whatever things are about and around such a man will at once again arrange themselves into a harmonius and cosmic order.]

8

Confucius remarked of his favourite disciple, Yen Hui: "Hui was a man who all his life sought the central clue in his moral being and when he got hold of one thing that was good he embraced it with all his might and never lost it again."

[As the Emperor Shun in the text above is the type of the intellectual nature, true representative of what Mr. Matthew Arnold calls Hellenism, so Yen Hui here is the type of the moral, emotional or religious nature, true representative of what Mr. Arnold calls Hebraism. Mr. Arnold says, "We may regard this paramount sense of duty, self control and work, this going forward manfully with the best light we have, as one force. And we may regard the intelligence driving at true ideas, which are after all the basis of all right practice, the ardent sense for all the new and changing combinations of these ideas which man's development brings with it, the indomitable impulse to know and adjust them perfectly—as another force. Now to give to these forces names from the two races of men who have supplied the most signal and splendid manifestations of them—we may call them respectively the forces of Hebraism and Hellenism."]

9

Confucius remarked: "A man may be able to renounce the possession of Kingdoms and Empire, be able to spurn the honours and emoluments of office, he able to trample upon bare, naked weapons, with all that he shall not be able to find the central clue in his moral being."

[The word(均) in the text above, literally "even, equally divided", is here used as a verb meaning "to be indifferent to"(平視), hence to renounce. As in the chapter immediately following that in which he describes the characteristics of the great intellect, the writer of this book shows the conceit and uselessness of the half intellect, the characteristics of false Hellenism; so in the present chapter following the above in which he gives the true type of Hebraism, he here again quotes another saying of Confucius showing the characteristics of false Hebraism, the evils and abuses resulting from the loss of balance on the moral, emotional or religious side. The religious history of the world with its manifestation of asceticism and fanaticism proves how truly Confucius has here seized the characteristics of false Hebraism or loss of balance, on the moral emotional or religious side of man's nature.]

Goethe says, "Religious piety(Frommigkeit) is not an end, but only means wherewith through the most complete calmness of temper and state of mind(Gemuthsruhe) to attain the highest state of culture or human perfection." What Goethe here says of religious piety, the highest inculcated virtue of Christianity and Buddhism, is also true of the virtues insisted upon by the Japanese *Bushido*, viz., — self—denial, self—sacrifice and valour or fearlessness in presence of pain or death. These virtues insisted on by the Japanese Bushido are also not an end, but only a means to an end. Indeed, as Mr. Matthew Arnold truly says, — "Christianity is not a dead set of square rules of conduct, but a temper, a certain state of mind." It is perhaps more correct to say that Christianity, Buddhism as well as Bushido, is really only a discipline, a method for the education of the temper and spirit of mankind. This discipline consists in the exercise of certain virtues: of piety in the case of Christianity and Buddhism, and in the case of *Bushido*, of self—sacrifice and valour. The exercise of these virtues is, as Goethe says, not an end, but only the means to enable a man or a nation of men to educate their temper and state of mind into a perfect condition, and through that perfect condition of temper and mind to attain the highest state of human perfection, or, as in the case of a nation, what is called the highest state of civilization.

But the disciplinary exercise of these virtues may be carried to excess or carried out in a way which is contrary to and destructive of the end which the exercise of these virtues is meant to serve; in fact, carried out in a spirit which, instead of promoting, injures and destroys the perfect state of temper and mind which the exercise of these virtues is intended to promote and bring about. In such a case the exercise becomes not a good but a harmful discipline. Thus for example, the exercise of self—denial when carried to excess and in a spirit of hatred and defiance as it was with the ancient Stoics; in a spirit of militant vain—glory as it was with the early Christians and is now with the modem Salvation Army: such exercise of the virtue of self—denial becomes, when judged from the point of the universal order, not a virtue, but a vice — a sin; because it does not promote but injures and destroys the sweetness and harmony of temper and mind and thereby does real harm to the cause of human perfection, of true civilization in the world. In the same way the exercise of the virtue of valour or fearlessness in presence of pain and death insisted upon by the Japanese Bushido, when carried to excess or exercised in a spirit of hatred and defiance, becomes fanaticism or moral madness which is not a virtue but a vice, a sin, and ceases to be an exercise of true Bushido.

10

Tzu—lu asked what constituted force of character.

Confucius said: "Do you mean force of character of the people of the southern countries or force of character of the people of the northern countries; or do you mean force of character in an absolute sense? To be patient and gentle, ready to teach, returning not evil for evil: that is the force of character of the people of the southern countries. It is the ideal of the moral man.

["Gentle unto all men, apt to teach, patient, in meekness instructing those that oppose themselves." —*2 Timothy* ill ., 24—25.]

"To lie under arms and meet death without regret; that is the force of character of the people of the northern countries. It is the ideal of the brave man.

"But force of character in an absolute sense is another thing. Wherefore the man with the true force of moral character is one who is easy and accommodating and yet without weakness or indiscrimination. How unflinchingly firm he is in his strength! He is independent without any bias. How unflinchingly firm he is in his strength! When there is moral social order in the country, if he enters public life, he does not change from what he was when in retirement. When there is no moral social order in the country he holds on his way without changing even unto death. How unflinchingly firm he is in his strength!"

Confucius remarked: "There are men who seek for some abstruse meaning in religion and philosophy and who live a life of singularity in order that they may leave a name to posterity. That is what I never would do.

[There were in Confucius' time men with speculative intellects like Laotzu who believed that the salvation of mankind depended upon some abstruse "ism" which they had discovered. There were also practical philanthropists like Metzu who believed that all the social evils of the world could be cured if men would take to some singular way of living: clout their own shoes or leave off wearing trousers.

In modern days the Christian Missionaries say that Confucianism is not a religion because it has no abstruse theory such as the Christian dogma of the Trinity, or the Godhead of the Eternal Son. "But surely," says Mr. Matthew Arnold, "if there be anything with which metaphysics have nothing to do, and where a plain man without skill to walk in the arduous paths of abstruse reasoning may find himself at home, it is religion. For the object of religion is conduct; and conduct is really, however men may overlay it with philosophical disquisitions, the simplest thing in the world." Indeed, the greatness of Confucius as a true religious teacher lies even in this: that his teaching contains no abstruse "ism" and it insists not upon any singular theory of living, but upon the simple doing of plain ordinary duties of every day life. Confucius, we are told in another place, taught four things: letters, conduct, honesty and truthfulness.

The late Mr. J. A. Froude says: "Many a hundred sermons have J heard in England, many a dissertation on the mysteries of the faith, on the divine mission of the clergy, on apostolic succession, on bishops, and justification and the theory of good works, and verbal inspiration, and the efficacy of the sacraments; but never one that I can recollect on common honesty, on these primitive commandments, 'Thou shalt not lie' and 'Thou shalt not steal."]

There are again good men who try to live in conformity with the moral law, but who, when they have gone half way, throw it up. I never could give it up.

[Mr. Matthew Arnold says: "Conduct is the simplest thing in the world as far as understanding is concerned; as regards doing, it is the hardest thing in the world." Hence the saying of the Latin poet, "Video meliora proboque deteriora sequ ar."]

"Lastly there are truly moral men who unconsciously live a life in entire harmony with the universal moral order and who live unknown to the world and unnoticed of men without any concern. It is only men of holy, divine natures who are capable of this."

12

The moral law is to be found everywhere and yet it is a secret.

[Goethe calls it the "open secret".]

The simple intelligence of ordinary men and women of the people may understand something of the moral law; but in its utmost reaches there is something which even the wisest and holiest of men cannot understand. The ignoble natures of ordinary men and women of the people may be able to carry out the moral law; but in its utmost reaches even the wisest and holiest of men cannot live up to it.

Great as the Universe is, man with the infinite moral nature in him is never satisfied. For there is nothing so great but the mind of the moral man can conceive of something still greater which nothing in the world can hold. There is nothing so small but the mind of moral man can conceive of something still smaller which nothing in the world can split.

[Carlyle says: "Man's unhappiness comes of his greatness; it is because there is an infinite in him, which with all his cunning he cannot quite bury under the finite. Will the whole finance ministers and upholsterers and confectioners of modem Europe undertake, in joint stock company, to make one shoeblack *happy*? They cannot accomplish it; for the shoeblack also has a soul quite other than his stomach, and would require, if you consider it, for his permanent satisfaction and saturation, simply this allotment, no more and no less: God's infinite Universe altogether to himself."]

The *Book of Songs* says: "The hawk soars to the heavens above and fishes dive to the depths below."
That is to say, there is no place in the highest heavens above nor in the deepest waters below where the moral law does not reign.

["If I take the wings of the morning and dwell in the uttermost parts of the universe, God is there." Emerson says: "The moral law lies at the centre of Nature and radiates to the circumference. It is the pith and marrow of every substance, every relation and every process."]

The moral law takes its rise in the relation between man and woman; but in its utmost reaches it reigns supreme over heaven and earth.

[Morality begins with Sex. Students of German literature may remember Faust's confession of faith to Margaret:
Lifts not the Heaven its dome above?
Doth not the firm set Earth beneath us lie?

And beaming tenderly with looks of love, Climb not the everlasting stars on high?
Do we got gaze into each other's eyes?
Nature's impenetrable agencies,
Are they not thronging on thy heart and brain,
Viewless, invisible to mortal ken,
Around thee weaving their mysterious chain?
Fill thence thy heart, how large soe'r it be,
And in the filling, when thou utterly art blest,
Then call it what thou wilt—
Call it Bliss! Heart! Love! God!]

13

Confucius remarked: "The moral law is not something away from the actuality of human life. When men take up something away from the actuality of human life as the moral law, that is not the moral law."

["The Kingdom of God is within you." Goethe says: "'The Ideal' —our America, as one of the characters in Wilhelm Meister says, — is here in the present actual and not far away."]

"The *Book of Songs* says: 'n hewing an axe handle, the pattern is not far off.'
"Thus when we take an axe handle in our hand to hew the other and glance from one to the other there is still some distance between them as compared with the relation between the moral law and the man himself. Wherefore the moral man in dealing with men appeals to the common human nature and changes the manner of their lives and nothing more."
"When a man carries out the principles of conscientiousness and reciprocity he is not far from the moral law. What you do not wish others should do unto you, do not do unto them."

"There are four things in the moral life of a man, not one of which have I been able to carry out in my life. To serve my father as I would expect my son to serve me: that I have not been able to do. To serve my sovereign as I would expect a minister under me to serve me that I have not been able to do. To act towards my elder brother as I would expect my younger brother to act towards me: that I have not been able to do. To be the first to behave towards friends as I would expect them to behave towards me: that I have not been able to do."

"In the discharge of the ordinary duties of life and in the exercise of care in ordinary conversation, whenever there is shortcoming never fail to strive for improvement, and when there is much to be said, always say less than what is necessary; words having respect to actions and actions having respect to words. Is it not just this thorough genuineness and absence of pretence which characteries the moral man?"

[Emerson says: "I look upon the simple and childish virtues of veracity and honesty as the root of all that is sublime in character. Speak as you think, be what you are, pay your debts of all kinds. I prefer to be owned as sound and solvent, —to all the eclat in the universe."]

14

The moral man conforms himself to his life circumstances; he does not desire anything outside of his position.

Finding himself in a position of wealth and honour, he lives as becomes one living in a position of wealth and honour. Finding himself in a position of poverty and humble circumstances, he lives as becomes one living in a position of poverty and humble circumstances. Finding himself in uncivilized countries, he lives as becomes one living in uncivilized countries. Finding himself in circumstances of danger and difficulty, he acts according to what is required of a man under such circumstances. In one word, the moral man can find himself in no situation in life in which he is not master of himself.

In a high position he does not domineer over his subordinates. In a subordinate position he does not court the favours of his superiors. He puts in order his own personal conduct and seeks nothing from others; hence he has no complaint to make. He complains not against God nor rails against men.

Thus it is that the moral man lives out the even tenor of his life calmly waiting for the appointment of God, whereas the vulgar person takes to dangerous courses, expecting the uncertain chances of luck.

Confucius remarked: "In the practice of archery we have something resembling the principle in a moral man's life. When the archer misses the centre of the target he turns round and seeks for the cause of his failure within himself."

15

The moral life of man may be likened to travelling to a distant place; one must start from the nearest stage. It may also be likened to ascending a height; one must begin from the lowest step.

The *Book of Songs* says:

When wife and children dwell in unison,

'This like to harp and lute well played in tune;

When brothers live in concord and at peace

The strain of harmony shall never cease.

Make then your home thus always gay and bright,

Your wife and dear ones shall be your delight.

Confucius, commenting on the above, remarked: "In such a state of things what more satisfaction can parents have?"

[In what follows, I have ventured to transfer the sequence of the sections as they stand in the original text. The following section stands in the original as section 20.]

Duke Ai(ruler of Confucius' native state) asked what constituted good government. Confucius replied: "The principles of good government of the Emperors Wen and Wu are abundantly illustrated in the records preserved. When the men are there, good government will flourish, but when the men are gone, good government decays and becomes extinct.

"With the right men the growth of good government is as rapid as the growth of vegetation is in the right soil. Indeed, good government is like a fast growing plant."

"The conduct of government, therefore, depends upon the men."

The right men are obtained by the ruler's personal character. To put in order his personal character, the ruler must use the moral law. To put in order the moral law, the ruler must use the moral sense.

"The moral sense is the characteristic attribute of man. To feel natural affection for those nearly related to us is the highest expression of the moral sense. The sense of justice is the recognition of what is right and proper. To honour those who are worthier than ourselves is the highest expression of the sense of justice. The relative degrees of natural affection we ought to feel for those who are nearly related to us and the relative grades of honour we ought to show to those worthier than ourselves: these are that which gives rise to the forms and distinctions in social life. For unless social inequalities have a true and moral basis, government of the people is an impossibility."

[禮所生 in the text should be 禮所以生. The last sentence supposed by Chinese commentators to be an interpolation is really not so. I have freely translated it. Literally it means: "unless the lower orders are satisfied with those above them, government of the people is an impossibility."

According to Confucius, here, the basis of social inequalities rests upon two moral foundations, viz., the moral sense, the highest expression of which is natural affection — the feeling of love which all men feel for those nearly related to them — and the sense of justice, the highest expression of which is hero—worship — the feeling of respect and submission which all men feel for those worthier than themselves. In the family, natural affection makes submission easy, and in the state, hero—worship makes subordination natural and proper.

But in Europe, the plea for the justification of social inequalities is interests. The people are told to submit to the constituted authorities and to put up with social inequalities because it is to their interest to do so; for if they allow the anarchists to have their way and destroy social inequalities, the evils which will result from this will be worse than the evils of social inequalities.

In China, the peasant and coolie readily submit to the mandarins, because they have been taught to recognise the true moral basis of privilege: worthiness. Noblesse oblige. But woe to the mandarins when the peasants and coolies of China find out that they(the mandarins) are not worthier than the peasants and coolies over whom they are set to govern.]

"Therefore it is necessary for a man of the governing class to set about regulating his personal conduct and character. In considering how to regulate his personal conduct and character it is necessary for him to do his duties towards those nearly related to him. In considering how to do his duties towards those nearly related to him it is necessary for him to understand the nature and organisation of human society. In considering the nature and organisation of human society it is necessary for him to understand the laws of God."

[君子 in the text above means a gentleman by his social position. And the phrase 知人 does not mean "man" , but human society and institutions as opposed to 天 divine appointments.]

"The duties of universal obligation are five, and the moral qualities by which they are carried out are three. The duties are those between ruler and subject; between father and son; between husband and wife; between elder brother and younger; and those in the intercourse between friends. These are the five duties of universal obligation. Intelligence, moral character and courage: these are the three universally recognised moral qualities of man. It matters not in what way men come to the exercise of these moral qualities, the result is one and the same."

"Some men are born with the knowledge of these moral qualities; some acquire it as the result of education; some acquire it as the result of hard experience. But when the knowledge is acquired, it comes to one and the same thing." Some exercise these moral qualities naturally and easily; some because they find it advantageous to do so; some with effort and difficulty. But when the achievement is made it comes to one and the same thing."

Confucius went on to say: "Love of knowledge is the characteristic of men of intellectual character. Strenuous attention to conduct is the characteristic of men of moral character. Sensitiveness to shame is the characteristic of men of courage or heroic character."

"When a man understands the nature and use of these three moral qualities, he will then understand how to put in order his personal conduct and character. When a man understands how to put in order his personal conduct and character, he will understand how to govern men. When a man understands how to govern men, he will then understand how to govern nations and empires."

"For every one called to the government of nations and empires, there are nine cardinal directions to be attended to: —

1.— Putting in order his personal conduct.

2.— Honouring worthy men.

3.— Cherishing affection for, and doing his duty towards his kindred.

4.— Showing respect to the high ministers of state.

5.— Identifying himself with the interests and welfare of the whole body of public officers.

6.— Showing himself as a father to the common people.

7.— Encouraging the introduction of all useful arts.

8.— Showing tenderness to strangers from far countries.

9. — Taking interest in the welfare of the princes of the Empire."

"When the ruler pays attention to putting in order his personal conduct, there will be respect for the moral law. When the ruler honours worthy men, he will not be deceived. When the ruler cherishes affection for his kindred, there will be no disaffection among the members of his family. When the ruler shows respect to the high ministers of state, he will not make mistakes." When the ruler identifies himself with the interests and welfare of the body of public officers, there will be a strong spirit of loyalty among the gentlemen of the country. When the ruler becomes a father to the common people, the mass of the people will exert themselves for the good of the state. When the ruler encourages the introduction of all useful arts, there will be sufficiency of wealth and revenue in the country. When the ruler shows tenderness to the strangers from far countries, people from all quarters of the world will flock to the country. When the ruler takes interest in the condition and welfare of the princes of the empire, he will inspire awe and respect for his authority throughout the whole world.

"By attending to the cleanliness and purity of his person and to the propriety and dignity of his dress, and in every word and act permitting nothing which is contrary to good taste and decency, that is how the ruler puts in order his personal conduct. By banishing all flatterers and keeping away from the society of women; holding in low estimation possession of worldly goods, but valuing moral qualities in men: that is how the ruler gives encouragement to worthy men. By raising them to high places of honour and bestowing ample emoluments for their maintenance; sharing and sympathising with their tastes and opinions: that is how the ruler inspires love for his person among the members of his family. By extending the powers of their functions and allowing them discretion in the employment of their subordinates: that is how the ruler gives encouragement to the high ministers of state. By dealing loyally and punctually with them in all engagements which he makes with them and allowing a liberal scale of pay: that is how the ruler gives encouragement to men in the public service. By strictly limiting the time of their service and making all imposts as light as possible: that is how the ruler gives encouragement to the mass of the people. By ordering daily inspection and monthly examination and rewarding each according to the degree of his workmanship: that is how the ruler encourages the artisan class. By welcoming them when they come and giving them protection when they go, commending what is good in them and making allowance for their ignorance: that is how the ruler shows tenderness to strangers from far countries. By restoring lines of broken succession and reviving extinguished states, putting down anarchy and disorder wherever they are found, and giving support to the weak against the strong, fixing stated times for their attendance and the attendance of their envoys at court, loading them with presents when they leave while exacting little from them in the way of contribution when they come: that is how the ruler takes interest in the welfare of the princes of the Empire.

"For everyone who is called to the government of nations and empire, these are the nine cardinal directions to be attended to; and there is only one way by which they can be carried out. In all matters, success depends on preparation; without preparation there will always be failure. When what is to be said is previously determined, there will be no breakdown. When what is to be done is previously determined, there will be no difficulty in carrying it out. When a line of conduct is previously determined, there will be no occasion for vexation. When general principles are previously determined, there will be no perplexity to know what to do."

"If those in authority have not the confidence of those under them, government of the people is an impossibility. There is only one way to gain confidence for one's authority. If a man is not trusted by his friends, he will not gain the confidence for his authority. There is only way to be trusted by one's friends. If a man does not command the obedience of the members of his family, he will not be trusted by his friends. There is only one way to command the obedience of the members of one's family. If a man, looking into his own heart, is not true to himself, he will not command the obedience of the members of his family. There is only one way for a man to be true to himself. If he does not know what is good, a man cannot be true to himself. "

["To thine own self be true, And it must follow, as the night the day, Thou canst not then be false to any man."]

"Truth(誠) is the law of God. Acquired truth is the law of man."

[The truth that comes from intuition is the law implanted in man by God. The truth that is acquired is a law arrived at by human effort.]

"He who intuitively apprehends truth, is one who, with effort, hits what is right and without thinking, understands what he wants to know; whose life easily and naturally is in harmony with the moral law. Such a one is what we call a saint or a man of divine nature. He who acquires truth is one who finds out what is good and holds fast to it."

"In order to acquire truth, it is necessary to obtain a wide and extensive knowledge of what has been said and done in the world; to critically inquire into it; to carefully ponder over it; to clearly sift it; and earnestly carry it out."

"It matters not what you learn, but when you once learn a thing you must never give it up until you have mastered it. It matters not what you inquire into, but when you inquire into a thing you must never give it up until you have thoroughly understood it. It matters not what you try to think out, but when you once try to think out a thing you must never give it up until you have got what you want. It matters not what you try to sift out, but when you once try to sift out a thing, you must never give it up until you have sifted it out clearly and distinctly. It matters not what you try to carry out, but when you once try to carry out a thing you must never give it up until you have done it thoroughly and well. If another man succeed by one effort, you will use a hundred efforts.

If another man succeed by ten efforts, you will use a thousand efforts."
"Let a man really proceed in this manner, and though dull, he will surely become intelligent; though weak, he will surely become strong."

<h1 style="text-align:center">17</h1>

Confucius remarked: "The Emperor Shun might perhaps be considered, in the highest sense of the word, a pious man. In moral qualities he was a saint. In dignity of office he was the ruler of the Empire. In wealth all that the wide world contained belonged to him. After his death his spirit was sacrificed to in the ancestral temple, and his children and grandchildren preserved the sacrifice for long generations."

[The word 孝 in the text above does not mean merely a filial son, but has the meaning of the Latin "pius" — pious in its full sense, reverential to God, dutiful to parents, good faithful and orderly in all the relations of life.]

"Thus it is that he who possesses great moral qualities will certainly attain to corresponding high position; to corresponding great prosperity; to corresponding great name; to corresponding great age."
"For God in giving life to all created things, is surely bountiful to them according to their qualities. Hence the tree that is full of life, he fosters and sustains; while that which is ready to fall, he cuts off and destroys."

[The law of the survival of the fittest is here announced two thousand years ago. But Confucius' interpretation of this law is different from the modem interpretation. The survival of the fittest means, not the survival of the most brutally strong, but the survival of the morally fittest.]

"The *Book of Songs* says:
He is our good and noble King

And oh! How charming in all his way!
The land and people all do sing
The praise of his impartial sway.
Heaven to his sires the Kingdom gave
And him with equal favour views;
Heaven's strength and aid will ever save
The throne whose grant it oft renews."

"It is therefore true that he who possesses exceedingly great moral qualities will certainly receive the divine call to the Imperial throne."

18

Confucius remarked: "The man perhaps who enjoyed the most perfect happiness was the Emperor Wen. For father he had a remarkable man, the Emperor Chi, and for son also a remarkable man, the Emperor Wu. His father laid the foundation of his House and his son carried it on. The Emperor Wu, continuing the great work begun by his ancestor the great Emperor, his grandfather Chi and his father the Emperor Wen, had only to buckle on his armour and the Empire at once came to his possession."

"The Emperor Wen was a no less distinguished man. In dignity of office, he was the ruler of the Empire; in wealth all that the wide world contained belonged to him. After his death his spirit was sacrificed to in the ancestral temple and his children and grandchildren preserved the sacrifice for long generations."

"The Emperor Wen never actually ascended the throne. But his son, the Duke of Chow, ascribed the achievement of founding the Imperial House equally to the moral qualities of the Emperors Wen and Wu. He carried the Imperial title up to the Great Emperor(Wen's grandfather) and the Emperor Chi(Wen's father). He sacrificed to all the past reigning dukes of the House with imperial honours."

[武王末受命 in the text here, I think, should be 文王末受命. The subject of this section is 文王. the Emperor Wen and not 武王 the Emperor Wu.]

This rule is now universally observed from the reigning princes and nobles to the gentlemen and common people. In the case where the father is a noble and the son is a simple gentleman, the father when he dies, is buried with the honours of a noble, but sacrificed to as a simple gentleman. In the case where the father is a simple gentleman and the son a noble, the father, when he dies, is buried as a simple gentleman, but sacrificed to with the honours of a nobleman. The rule for one year of mourning for relatives is binding up to the rank of a noble. But the rule for three years of mourning for parents is binding for all up to the Emperor. In mourning for parents there is only one rule, and no distinction is made between noble and plebeian.

19

Confucius remarked: "The Emperor Wu and his brother, the Duke of Chow, were indeed eminently pious men. Now true filial piety consists in successful carrying out the unfinished work of our forefathers and transmitting their achievements to posterity.

"In Spring and Autumn they repaired and put in order the ancestral temple; arranged the sacrificial vessels, exhibited the regalia and heirlooms of the family, and presented the appropriate offerings of the season."

"The principle in the order of precedence in the ceremonies of worship in the ancestral temple is, in the first place, to arrange the members of the family according to descent. Ranks are next considered, in order to give recognition to the principle of social distinction. Services rendered are next considered as a recognition of distinction in moral worth. In the general banquet those below take precedence of those above in pledging the company, in order to show that consideration is shown to the meanest. In conclusion, a separate feast is given to the elders, in order to recognise the principle of seniority according to age."

"To gather in the same places where our fathers before us have gathered; to perform the same ceremonies which they, before us, have performed; to play the same music which they before us have played; to pay respect to those whom they honoured; to love those who were dear to them — in fact, to serve them now dead as if they were living, and now departed as if they were still with us — this is highest achievement of true filial piety."

"The performance of sacrifices to Heaven and Earth is meant for the service of God. The performance of ceremonies in the ancestral temple, is meant for the worship of ancestors. If one only understood the meaning of the sacrifices to Heaven and Earth, and the signification of the services in ancestral worship, it would be the easiest thing to govern a nation."

[The above three sections give examples of men who have realised the moral law in their lives, in the different important relations of their lives.]

20

Confucius remarked: "The power of spiritual forces in the Universe — how active it is everywhere! Invisible to the eyes, and impalpable to the senses, it is inherent in all things and nothing can escape its operation."

[Carlyle says: "Dost thou know any corner of the world where 'force' is not? The withered leaf is not dead and lost. There are forces in it and around it; else how could it rot?"]

"It is the fact that there are these forces which makes men in all countries to fast and purify themselves, and with solemnity of dress to institute services of sacrifice and religious worship. Like the rush of mighty waters the presence of unseen Powers is felt: sometimes above us, sometimes around us."

"In the *Book of Songs* it is said:
The presence of the Spirit:
It cannot be surmised,

Inspiring fear and awe."

"Such is the evidence of things invisible that it is impossible to doubt the spiritual nature of man."

21

The intelligence which comes from the direct apprehension of truth is intuition. The apprehension of truth which comes from the exercise of intelligence is the result of education. Where there is truth, there is intelligence; where there is intelligence, there is truth.

22

It is only he, in the world, who possesses absolute truth, who can get to the bottom of the law of his being. He who is able to get to the bottom of the law of his being, will be able to get to the bottom of the law of being of other men. He who is able to get to the bottom of the law of being of men, will be able to get to the bottom of the laws of physical nature. He who is able to get to the bottom of the laws of physical nature, will be able to influence the forces of creation of the Universe. He who can influence the forces of creation of the Universe, is one with the Powers of the Universe.

23

The next order of the process of man's mind is to attain to the apprehension of a particular branch of knowledge. In every particular branch of knowledge there is truth. Where there is truth, there is substance. Where there is substance, there is reality. Where there is reality, there is intelligence. Where there is intelligence, there is power. Where there is power, there is influence. Where there is influence, there is creative power. It is only he who possesses absolute truth in the world who can create.

24

It is an attribute of the possession of absolute truth to be able to foreknow. When a nation or family is about to flourish there are sure to be lucky omens. When a nation or family is about to perish, there are sure to be signs and prodigies. These things manifest themselves in the instruments of divination and in the agitation of the human body. When happiness or calamity is about to come, it can be known beforehand. When it is good, it can be know beforehand. When it is evil, it can also be known beforehand. Therefore he who possesses absolute truth is like a spiritual being.

25

Truth means the realisation of our being; and moral law means the law of our being. Truth is the beginning and end (the substance) of existence. Without truth there is no existence. It is for this reason that the moral man values truth. Truth is not only the realisation of our own being. It is that by which things outside of us have an existence. The realisation of our being is moral sense. The realisation of things outside of us is intellect. These, moral sense and intellect, are the powers or faculties of our being. They combine the inner or subjective and outer or objective use of the power of the mind. Therefore with truth, everything done is right.

26

Thus absolute truth is indestructible. Being indestructible, it is eternal. Being eternal, it is self—existent. Being self—existent, it is infinite. Being infinite, it is vast and deep. Being vast and deep, it is transcendental and intelligent. It is because it is vast and deep that it contains all existence. It is because it is transcendental and intelligent that it embraces all existence. It is because it is infinite and eternal that it fills all existence. In vastness and depth it is like the Earth. In transcendental intelligence it is like Heaven. Infinite and eternal, it is

Infinitude itself.

Such being the nature of absolute truth, it manifests itself without being evident; it produces effects without action; it accomplishes its ends without being conscious.

The principle in the course and operation of nature may be summed up in one word: it exists for its own sake without any double or ulterior motive. Hence the way in which it produces things is unfathomable.

Nature is vast, deep, high, intelligent, infinite and eternal. The heaven appearing before us is only this bright, shining spot; but, when taken in its immeasurable extent, the sun, moon, stars and constellations are suspended in it, and all things are embraced under it. The earth, appearing before us, is but a handful of soil; but, taken in all its breadth and depth, it sustains mighty Himalayas without feeling their weight; rivers and seas dash against it without causing it to leak. The mountain appearing before us is only a mass of rock; but taken in all the vastness of its size, grass and vegetation grow upon it, birds and beasts dwell on it and treasures of precious stones are found in it. The water appearing before us is but a ladleful of liquid; but taken in all its unfathomable depths, the largest crustaceans, fishes and reptiles are produced in them, and all useful products abound in them.

In the *Book of Songs* it is said:

The ordinance of God,

How inscrutable it is and goes on for ever.

That is to say, this is the attribute of God. It is again said:

How excellent it is,

The moral perfection of King Wen.

That is to say, this is the characteristic of the nobleness of the Emperor Wen. Moral perfection also never dies.

[Tolstoi says: "In studying the men who have behind them a force which continues to act, we can see why these men in subjecting their individuality to season and in giving themselves up to a life of love, never could doubt and never have doubted the impossibility of the destruction of life."]

27

Oh! How great is the divine moral law in man. Vast and illimitable, it gives birth and life to all created things. It towers high up to the very heavens. How wonderful and great it is! All the institutions of human society and civilisation — laws, customs and usages — have their origin there. All these institutions wait for the man before they can be put into practice. Hence it is said: Unless there be highest moral power, the highest moral law cannot be realised.

["Two things fill the soul with always renewed and increasing wondering admiration the oftener and more deeply our thought is occupied with them: the starry sky above me and the moral law within me." — Kant.]

Wherefore the moral man, while honouring the greatness and power of his moral nature, yet does not neglect inquiry and pursuit of knowledge. While widening the extent of his knowledge, he yet seeks to attain utmost accuracy in the minutest details. While seeking to understand the highest things, he yet lives a plain, ordinary life in accordance with the moral order. Going over what he has already acquired, he keeps adding to it new knowledge. Earnest and simple, he respects and obeys the laws and usages of social life.
Therefore, when in a position of authority, he is not proud; in a subordinate position, he is not insubordinate. When there is moral social order in the country, what he speaks will be of benefit to the nation; and when there is not moral social order in the country, his silence will ensure forbearance for himself. In the *Book of Songs*, it is said:
With wisdom and good sense,
He guards his life from harm.
That is the description of the moral man.

Confucius remarked: "A man who is foolish and yet is fond of using his own judgment; who is in humble circumstances and yet is fond of assuming authority; who, while living in the present age, reverts to the ways of antiquity: such a man is one who will bring calamity upon himself."

To no one but the supreme head of the Empire does it belong to disturb the established religious and social institutions, to introduce new forms of government, to change the form and use of language. At the present day throughout the Empire, carriage wheels all have the same standard form and size; all writing is written with the same characters, and in all the relations of life, all recognise the same established principles.

Although a man may occupy the position of the Supreme Head of the Empire, yet unless he possesses the moral qualities fitting him for the task, he may not take upon himself to make changes in the established moral and religious institutions. Although one may possess the moral qualities fitting him for the task, yet unless occupies he the position of the Supreme Head of the Empire, he may not take upon himself to make changes in the established moral and religious institutions.

[The late Mr. 1. A. Froude says: "Depend upon it, that in all long established practices or spiritual formulas there has been some living truth; and if you have not discovered and learned to respect it, you do not yet understand the questions which you are in a hurry to solve."]

Confucius remarked: "I have tried to understand the moral and religious institutions of the Hsia dynasty, but what remains of those institutions in the present state of Chi are not sufficient to give me a clue. I have studied the moral and religious institutions of the Yin dynasty, the remains of them are still preserved in the present state of Sung. I have studied the moral and religious institutions of the present Chow dynasty, which are now in use. In practice, I follow the forms of the present Chow dynasty."

29

To attain to the sovereignty of the world, there are three important things necessary; they may perhaps be summed up in one: blamelessness of life.

However excellent a system of moral truths appealing to supernatural authority may be, it is not verifiable by experience; what is not verifiable by experience, cannot command credence; and what cannot command credence, the people will never obey. However excellent a system of moral truths appealing merely to worldly authority may be, it does not command respect; what does not command respect, cannot command credence; and what cannot command credence, the people will never obey.

Therefore every system of moral laws must be based upon the man's own consciousness. It must be verified by the common experience of men. Examined into by comparing it with the teachings of acknowledged great and wise men of the past, there must be no divergence. Applying it to the operations and processes of nature in the physical universe, there must be no contradiction. Confronted with the spiritual powers of the universe a man must be able to mantain it without any doubt. He must be prepared to wait, a hundred generations after him, for the coming of a man of perfect divine nature to confirm it without any misgiving. The fact that he is able to confront the spiritual powers of the universe without any doubt, shows that he understands the will of God. The fact that he is prepared to wait, a hundred generations after him, for the man of perfect divine nature without any misgiving, shows that he understands the nature of man.

Wherefore it is that it is true of the really great moral man that every act of his life becomes an example for generations; every thing he does, becomes a statute for generations; and every word he utters, becomes a law for generations. Those who are far away and do not know him look up to him, while those who are near and know him do not reject him.

In the *Book of Songs* it is said:

There they found no fault in him;
Here they ever welcome him;
Thus from day to day and night to night,
They will perpetuate his praise!

Thus a moral man unless he realises this description of a man, can never obtain at once recognition of his moral qualities throughout the world.

30

Confucius taught the truth originally handed down by the ancient Emperors Yao and Shun; and he adopted and perfected the system of moral laws established by the Emperors Wen and Wu. He showed that they harmonise with the divine order which governs the revolutions of the seasons in the Heaven above and that they fit in with the moral design which is to be seen in the nature of water and land upon the Earth below.

These moral laws form one system with the laws by which Heaven and Earth, support and contain, overshadow and canopy all things. These moral laws form the same system with the laws by which the seasons succeed each other and the sun and moon appear with the alternations of day and night. It is this same system of laws by which all created things are produced and developed themselves each in its order and system without injuring one another; that the operations of Nature take their course without conflict or confusion; the lesser forces flowing everywhere like river currents while the great forces of Creation go silently and steadily on. It is this — one system running through all — that makes the Universe so impressively great.

31

It is only the man with the most perfect divine moral nature who is able to combine in himself quickness of apprehension, intelligence, insight and understanding: qualities necessary for the exercise of command; magnanimity, generosity, benignity and gentleness: qualities necessary for the exercise of patience; originality, energy, strength of character and determination: qualities necessary for the exercise of endurance; dignity, noble seriousness, order and regularity: qualities necessary for the exercise of critical judgement.

Thus all—embracing and vast is the nature of such a man.

Profound it is and inexhaustible like a living spring of water, ever running out with life and vitality. All—embracing and vast, it is like Heaven. Profound and inexhaustible it is like the abyss.

As soon as such a man shall make his appearance in the world, all people will reverence him. Whatever he says, all people will believe it. Whatever he does, all people will be pleased with it. Thus his fame and name will spread and fill all the civilised world extending even to savage countries; wherever ships and carriages reach; wherever the labour and enterprise of man penetrate; wherever the heavens overshadow and the earth sustains; wherever sun and moon shine; wherever frost and dew fall: all who have life and breath will honour and love him. Therefore we may say: "He is the equal of God."

32

It is only he in this world who is possessed of absolute truth that can order and adjust the great relations of human society, fix the fundamental principles of morality, and understand the laws of creation of the Universe.

Now where does such a man derive his power and knowledge except from himself? How all—absorbing his humanity! How unfathomable the depth of his mind! How infinitely grand and vast his divine nature! Who can understand such a nature except he who is gifted with the most perfect intelligence and endowed with the highest divine qualities of nature and mind?

33

In the *Book of Songs* it is said: "Over her brocaded robe, She wore a plain and simple dress." — in that way showing her dislike of the loudness of its colour and magnificence. Thus the life of the moral man is unobtrusive and yet it grows more and more in significance; whereas the life of the vulgar person is ostentatious but it loses more and more in significance until it becomes nothingness.

The life of the moral man is plain and yet not unattractive; it is simple and yet full of grace; it is easy and yet methodical. He knows that accomplishment of great things consists in doing little things well. He knows that great effects are produced by small causes. He knows the evidence and reality of what cannot be percived by the senses. Thus he is enabled to enter into the world of ideas and morals.

In the *Book of Songs* it is said:

How deep the fish may dive below,

And yet it is quite clearly seen.

Therefore the moral man must examine into his own heart and see that he has no cause for self—reproach, that he has no evil thought in his mind. Wherein the moral man is superior to other men consists even in that which is not seen by men.

In the *Book of Songs* it is said:

In your secret chamber even you are judged;

See you do nothing to blush for,

Though but the ceiling looks down upon you.

["All is, if I have the grace to use it so, As ever in my great Task Master's eyes." - *Milton.*]

Therefore the moral man, even when he is not doing anything, is serious; and, even when he does not speak, is truthful.

In the *Book of Songs* it is said:

All through the solemn rite not a word was spoken,

And yet all strife was banished from their hearts.

Hence the moral man, without the inducement of rewards, is able to make the people good; and without the show of anger, to awe them into fear more than if he had used the most dreadful instruments of punishment.

In the *Book of Songs* it is said:

He makes no show of his moral worth,

Yet all the princes follow in his steps.

Hence the moral man by living a life of simple truth and earnestness alone can help to bring peace and order in the world.

In the *Book of Songs* it is said: "I keep in mind the fine moral qualities which make no great noise or show." Confucius remarked: "Among the means for the regeneration of mankind, those made with noise and show, are of the least importance." In another place in the *Book of Songs* it is said, "His virtue is light as hair." Still a hair is something material. "The workings of almighty God have neither sound nor smell." There is nothing higher than that.

약력

신창호(申昌鎬)

현) 고려대학교 교수

학력

고려대학교 학사(교육학/철학)
한국학중앙연구원 한국학대학원 석사(철학)
고려대학교 일반대학원 박사(교육사철학)

경력

경희대학교 교육대학원 교수
고려대학교 입학사정관실 실장/교양교육실 실장/교육문제연구소 소장/평생교육원 원장
율곡학회 교육분과위원장
한국교육사학회 편집위원장
한국교육철학학회 회장
한중철학회 회장
아람청소년센터 이사
독서문화연구원 부설연구소 소장

주요 논저

중용 교육사상의 현대적 조명(박사논문)
수기, 유가 교육철학의 핵심
유교의 교육학 체계
한글 사서(대학/논어/맹자·중용)
논어집주상설(전10권)/대학장구상설(전3권) 외 다수

서구로 간 유학 경전 2 – 구홍밍(辜鴻銘)의 영역(英譯) 『중용』

『중용』의 신기원
– '보편적 질서와 삶의 지침'에 관한 교육철학 –

초판발행   2021년 1월 5일
지은이   신창호
펴낸이   노 현

편 집   문선미
기획/마케팅   노 현
디자인   BEN STORY
제 작   고철민·조영환

펴낸곳   (주) 피와이메이트
                서울특별시 금천구 가산디지털2로 53 한라시그마밸리 210호(가산동)
                등록 2014. 2. 12. 제2018-000080호
전 화   02)733-6771
f a x   02)736-4818
e-mail   pys@pybook.co.kr
homepage   www.pybook.co.kr
ISBN   979-11-6519-106-1   93140

정 가   14,000원

박영스토리는 박영사와 함께하는 브랜드입니다.